NO LE ESCRIBAS A TU EX

NO LE ESCRIBAS A TU EX

Y otros consejos sobre amor, citas y ligues

NICK VIALL

DIANA

Título original: *Don't Text Your Ex Happy Birthday*

First published in the English language in 2022
By ABRAMS IMAGE, an imprint of ABRAMS, New York
ORIGINAL ENGLISH TITLE: DON'T TEXT YOUR EX HAPPY BIRTHDAY. AND OTHER ADVICE ON LOVE, SEX, AND DATING

Diseño de portada: Planeta Arte & Diseño / La Lonely Soul (Nayeli Rojas)
Ilustración de portada: © La Lonely Soul (Nayeli Rojas)
Fotografía del autor: © Dexter Brown
Traducción: Alejandro Romero Álvarez
Formación y diseño de interiores: Alejandra Romero Ibáñez

Bajo el sello editorial DIANA M.R.
Avenida Presidente Masarik núm. 111,
Piso 2, Polanco V Sección, Miguel Hidalgo
C.P. 11560, Ciudad de México
www.planetadelibros.com.mx

Primera edición en formato epub: octubre de 2023
ISBN: 978-607-39-0726-2

Primera edición impresa en México: octubre de 2023
ISBN: 978-607-39-0689-0

Impreso en los talleres de Litográfica Ingramex, S.A. de C.V.
Centeno núm. 162-1, colonia Granjas Esmeralda, Ciudad de México
Impreso y hecho en México – *Printed and made in Mexico*

Índice

CAPÍTULO 1

Introducción

POR QUÉ ESCRIBÍ ESTE LIBRO

Este libro trata, principalmente, de ser honesto contigo mismo. A pesar del título, en realidad no es sobre intentar entender a los demás, sino entenderte a ti mismo y a tus decisiones. El objetivo es obtener los resultados que quieres a largo plazo y evitar los que no, y no sentirte mal por ti a corto plazo cuando no es necesario. La mayoría de las cosas de las que hablo se refiere a controlar lo que puedes controlar, no ceder el poder que tienes y no malgastar tu energía mental ni tu tiempo.

Entonces, ¿por qué estoy escribiendo este libro? ¿Cuál es mi punto de vista? Siempre tengo la precaución de dejar muy claro que, obviamente, no soy experto en el tema ni nada por el estilo, no soy terapeuta ni consejero de relaciones, ni profesor de antropología; tampoco tomé clases para escribir esto. Soy solo un tipo cualquiera dando su punto de vista, el cual, por suerte para mí, aparentemente resulta útil e interesante para mucha gente.

Todos conocen mi historial de citas desde mis treinta: salía en televisión y, obviamente, estaba muy interesado en encontrar a alguien, en tener una relación seria. Desde que terminó mi paso frente a las cámaras tengo una serie semanal en Instagram, donde recibo preguntas de mis seguidores sobre relaciones, y mis respuestas varían, desde frases divertidas hasta explicaciones cortas. Con el paso del tiempo, esto evolucionó y se convirtió en un pódcast donde la gente me llama y hablamos; el formato permite consejos más largos.

Mucha gente sigue preguntándose: «¿Por qué este tipo da consejos románticos?». Desde que salgo en programas de citas existe esa percepción sobre el tipo de relaciones en las que he estado, o que esto de las citas podría no ser nunca un reto para mí en absoluto. Pero estuve comprometido dos veces; me han *ghosteado* después de muchas rupturas que se sintieron como el fin del mundo; una de mis prometidas me engañó; me he mudado con varias parejas, y nos hemos terminado separando. He padecido dolor, rechazo y confusión; me he sentido impotente y frustrado, y también he sentido amor, amor sano y verdadero. Ese es el punto de vista desde el cual escribo este libro, y creo que mucha gente no sabe eso de mí. Entiendo bien lo que se siente sufrir por amor, y si no me crees, avanza unas páginas y lee la historia completa de mi primera —y terrible— decepción amorosa. Quiero que sepas que lo entiendo, y que también he pasado por situaciones así.

Puede que muchas personas también estén pensando: ¿por qué este tipo blanco y heterosexual pretende decirme cómo actuar o pensar? Y reconozco que también habrá mucha gente que piense así, y hasta cierto punto no puedo evitarlo, pero quiero hablar de ello.

Obviamente, siempre hay críticos en internet. Cada que publicamos algo nos exponemos a recibir críticas, y eso está bien. ¿Sabes?, una mujer incluso llegó a referirse a mí como un fuckboy reformado solo por la percepción que se formó de mí al verme en televisión. Escribió: «¿Por qué este fuckboy reformado pretende decirles a las mujeres —o a cualquier persona— lo que deberían mejorar y cómo deberían actuar?». Y continuó: «¿Por qué no mejor les hablas a los hombres y les dices que actúen mejor?».

Y mi respuesta a ello sería: «Bueno, no tengo acceso a la persona que te está haciendo mal, y no sé por qué lo está haciendo, pero sí creo que puedo ofrecerte un par de consejos y herramientas para ayudarte a controlar tu situación: puedes hacer algo diferente y mejorar la condición en la que te encuentras, o puedes salirte de esa situación. Puedo ayudarte a entender en dónde estás parada con un poco más de honestidad».

Literalmente, cada vez que alguien me llama o escribe, lo que trato de hacer es darles una interpretación más honesta de su situación, porque, como suelo repetir, nadie es capaz de mentirte más que tú mismo. Todos sabemos que los mentirosos más grandes que conoceremos en nuestra vida somos nosotros mismos. Estamos en nuestra cabeza todo el tiempo, y nos mentimos constantemente, ¿no? Reescribimos narrativas y eventos por nuestro ego, y a menudo tenemos miedo de la verdad, o lo hacemos porque estamos interesados en un resultado en particular y eso nos mete en estas situaciones, o nos hace quedar en situaciones que quizá no son las mejores para nosotros. Así que yo solo estoy tratando de darles a las personas que piden mi ayuda un punto de vista honesto.

Muchas de las preguntas que recibo son de mujeres, no exclusivamente, pero esa es la mayoría de mi audiencia. Con honestidad, creo que gran parte de mis consejos es realmente aplicable a cualquier persona, con independencia de su género u orientación sexual. Ahora quisiera dirigirme a las personas que leyeron esa última oración con algo de escepticismo: a quienquiera que esté leyendo este libro, estoy seguro de que hay muchas diferencias entre tú y yo, y sé que no puedo entender por todo lo que has pasado, pero cuando se trata de amor, citas y desamor, he experimentado muchos de los miedos y las decepciones. Me preocupaba terminar solo, me sentía inseguro por no ser suficiente y desperdiciaba un montón de mi tiempo y energía en personas que no me devolvían lo mismo que yo les daba. Sé que no puedo llegar a comprender todas las dificultades que has tenido, pero puedo hablar sobre el amor y la angustia, porque todos tenemos sentimientos. He tenido el mismo tipo de preocupaciones, miedos e inseguridades, y he desperdiciado muchísimo tiempo y energía en personas que no me correspondían de la misma manera.

Finalmente, me di cuenta de que tal vez no merecía lo que me ocurrió en el pasado, pero sí di ese poder a otras personas. Elegí dárselos. Elegí darles la oportunidad de lastimarme o confundirme de manera constante. Elegí hacer todo eso. Y he aprendido que necesito dejar de hacerlo, con independencia de lo que los demás hagan, porque eso no puedo controlarlo, solo puedo controlar lo que hago. Desperdicié mucha energía tratando de descubrir cómo podía cambiar sus mentes, sus perspectivas o sus acciones, y me di cuenta de que es una batalla perdida, y que también me hizo sentir muy impotente. Comprender cómo ser más honesto contigo mismo y sentirte más poderoso cuando sales con alguien es, en general, el tema principal que toco en línea, en mi pódcast y en este libro.

Mucho de lo que hablaré es muy simple en teoría. Es decir, desde un punto de vista lógico, no es muy complicado, es esa pieza emocional que tan a menudo nos confunde. Puede ser difícil implementar este tipo de honestidad al principio porque estás cambiando tu comportamiento y responsabilizándote de hacer lo que sabes que es mejor para ti, y eso requiere ser vulnerable y abrirte al rechazo o la confrontación. Y eso es difícil de hacer.

Todo lo que menciono en este libro es algo que tuve que aprender por las malas. Me tomó muchos años y muchas conversaciones conmigo mismo y con mis amigos, y lágrimas descubrir lo que estoy compartiendo contigo aquí. Si estás leyendo este libro, es probable que tengas algún tipo de problema relacionado con el amor, las relaciones o las citas. Mi esperanza es que encuentres algunas cosas que puedan ayudar a que lidiar con los desafíos del amor y la angustia sea un poco más fácil.

Lo que sigue son los conceptos realmente grandes que es importante considerar en tu vida amorosa y al leer este libro, y hablo de ellos una y otra vez en todo lo que hago. En conjunto, ayudarán a que las citas sean menos estresantes para ti. Y recuerda que nada de esto debe tomarse como un conjunto estricto de reglas que debas seguir al pie de la letra para obtener exactamente un resultado en particular. Gran parte depende de tu propia situación, así que usa este libro como una guía, no como un manual. Como dije, se trata de obtener el resultado que deseas a largo plazo, evitar el resultado que no deseas y aprender a dejar de sentirte mal contigo mismo innecesariamente a corto plazo.

LOS NUEVE GRANDES CONCEPTOS DE ESTE LIBRO

1. Recuerda que solo buscas uno, no muchos

Hablo con la gente todo el tiempo sobre citas, y solo oigo las frustraciones, y esas frustraciones se convierten en excusas y razones para renunciar, como la creencia de que debe haber algo mal con ellos, o que todos los buenos ya están emparejados.

Digamos que vas a construir una casa: cuando tienes 18 años debes empezar a construir el hogar en el que vivirás el resto de tu vida. Y puedes tomarte todo el tiempo del mundo para construirlo, pero pase lo que pase, esa es tu casa, la casa en la que tienes que vivir el resto de tu vida.

¿Tardarías dos semanas en construir la casa? No, te tomarías el tiempo necesario para convertirla en la mejor casa, porque es tu casa. Ahora, solo reemplaza las palabras «tu casa» por «tu relación». Aun así, algunas personas quieren encontrar el amor a primera vista y no quieren trabajar para conseguirlo, no quieren que sea difícil, desean que simplemente suceda. Buscan que la gente se presente con una casa increíble, que sea bonita, segura y resistente, pero cuanto más tiempo dediquemos a asegurarnos de que los cimientos estén bien, así como la estructura, el cableado, la electricidad y la plomería, más segura, bonita y resistente será.

Tener citas puede ser divertido. Puede ser agradable si tienes la mentalidad correcta. Existe la posibilidad de vivir algunas aventuras inesperadas mientras sales con alguien, pero es posible que no las valores hasta que dejes de hacerlo. Pero para ser sincero, es un poco agotador, y a menudo se parece más a hacer ejercicio que a divertirse. En el gimnasio puedes cansarte, agotarte y fatigarte, y a veces solo necesitas tomar un respiro y descansar. Tener citas puede sentirse igual porque estás analizando todas las diferentes personalidades, personas y opciones que tienes, y la mayoría de nosotros está tratando de encontrar una persona soltera con quien pasar el resto de su vida, por lo que puede ser agotador. Incluso aquellos de nosotros que queremos relaciones no monógamas, o incluso poliamorosas, seguimos buscando una o dos personas con quienes tener esa conexión central.

Cuando lo piensas en esos términos, las citas *deberían* ser una especie de desafío. Debes realmente querer trabajar, tomarte tu tiempo y hacerlo bien. Estar en una relación no es la definición de éxito cuando se trata de tu vida amorosa. Es estar en una relación con la persona adecuada para ti.

2. Establece tus expectativas y respeta los límites

En este libro utilizo con frecuencia los términos «expectativas» y «límites». Las expectativas son esencialmente lo que asumes que obtendrás de la otra persona y la relación: ¿Son exclusivos? ¿Solo tienen sexo casual? ¿Esperas tener noticias de ellos al menos una vez al día? ¿Fue algo de una sola vez y, si ninguno de ustedes vuelve a saber de la otra persona, está todo bien? Esas definiciones pueden cambiar a lo largo de la vida de una relación, pero idealmente hay que discutirlas y definirlas con la persona con la que estás saliendo o acostándote. (Como menciono en casi todos los capítulos de este libro).

Los límites, por otro lado, son las reglas que tú mismo estableces sobre las relaciones. ¿No quieres tener una relación sexual con alguien que se acuesta con otras personas? ¿No quieres salir con personas que no están interesadas en tener una relación seria? Entonces esos son los límites: debes establecerlos contigo mismo, discutirlos con las personas con las que sales y luego hacerlos cumplir. Y muchas veces, hacer cumplir los límites puede significar alejarse. Si una persona con la que estás saliendo dice: «Bueno, no me gustan las relaciones a larga distancia», y quieres que sea algo serio, entonces tienen dos opciones: descubrir cómo acortar la distancia o dejar de verse.

3. Sé honesto

El tema subyacente de este libro, en cada interacción, es ser más honesto sobre quiénes somos y qué queremos. Y tenemos que tratar de ser honestos con nosotros mismos primero, en parte, para que podamos obtener respuestas más honestas de otras personas sobre sus intenciones y lo que quieren. Cuanto más honestos seamos con nosotros mismos acerca de lo que realmente queremos, más probable es que lo consigamos, o al menos que no perdamos el tiempo tratando de conseguir lo que no se nos dará. ¿Queremos simplemente tener sexo y ver una película con alguien de vez en cuando? ¿O sabemos que queremos una relación a largo plazo y probablemente no deberíamos aceptar lo anterior?

Ser honestos con nosotros mismos no significa que obtendremos todo lo que queremos, pero habrá menos decepción para ambas partes, menos tiempo desperdiciado con personas que realmente no te gustan y más probabilidades de que consigas lo que quieres con el tiempo. Habla sobre tus expectativas y límites con la persona con la que estás saliendo o acostándote cada vez que estés confundido, necesites claridad o te preguntes si están en la misma página en cuanto a los sentimientos. Y también presta atención a las acciones de las personas, no solo a sus palabras, como un indicador de si son o no honestas contigo cuando hagas estas preguntas. El objetivo es que todos sean conscientes de sí mismos y responsables. De esa manera, todos son más honestos, por lo que las personas se lastiman con menos frecuencia y disfrutan más de las citas, o al menos, las odian menos.

4. Prefiere la gratitud a la esperanza

En los últimos años me he dado cuenta de que una forma muy útil de averiguar si una relación en la que estás es saludable o tóxica, o simplemente si vale la pena el esfuerzo, es reflexionar sobre dos sentimientos importantes: gratitud y esperanza. Calcula qué tanta esperanza tienes para la relación en comparación con cuánta gratitud tienes por lo que estás recibiendo de la relación. Esta es una excelente manera de obtener la respuesta de si debes quedarte, irte o abrir los canales de comunicación para tratar de obtener más de lo que quieres y menos de lo que no quieres.

Empecé a aplicar esta idea a las citas no hace mucho, después de que mi amigo me dijo que escuchara un pódcast en el que un periodista deportivo llamado Wright Thompson hablaba sobre el concepto de gratitud. Esa fue la primera vez que escuché la idea de que la gratitud es el único sentimiento que no puede volverse tóxico, porque implica sentirse agradecido por lo que alguien o algo te ha dado cuando no esperabas nada a cambio, como hacerte sentir amado o escuchado. Pensé que era una idea muy interesante para aplicar a las citas, y cuanto más pensaba en ello, más relevante parecía ser. El concepto básico es la idea de que la mayoría de las emociones que consideramos totalmente positivas en nuestras relaciones con otras personas conlleva un sentimiento contrario si las cosas no salen como queremos. Y cuando eso sucede, se vuelven tóxicos y tienen un opuesto tóxico. El primo feo del amor es el odio, el primo feo del deleite es el aburrimiento, y el primo feo de la esperanza es la decepción. Felicidad: su primo tóxico es la tristeza. El primo tóxico de la alegría es la aflicción, y para la esperanza, es la desesperación.

Según esta forma de pensar, la verdadera gratitud implica estar agradecido por algo que se dio sin esperar nada a cambio, lo cual no debería convertirse en algo negativo. Cuando estás verdaderamente agradecido por algo, esto suele ser una influencia positiva en tu vida. Estás agradecido de que alguien te haga sentir especial y amado, de que te convierta en una prioridad. Estas son cosas positivas y saludables.

Esto se me quedó aún más grabado porque, cuando las personas están en una relación, siempre hablan de sus esperanzas, que son cosas que desearían poder cambiar en su pareja o comportamientos que podrían corregir, muchos de los cuales rara vez se concretan. Creo que tener en cuenta una lista de momentos agradecidos versus esperanzados es una buena manera de darles seguimiento a lo que es importante para nosotros en nuestras relaciones y a lo que es realmente lo mejor para nosotros a largo plazo.

5. Conoce la diferencia entre emociones y una conexión emocional

Cuando conoces a alguien por primera vez y te sientes atraído por esa persona, hay muchas cosas que te gustan. Crees que es divertida, te gusta lo alta que es, te gusta que sea educada, ya sabes: me abrió la puerta, me prestó atención, se rio de mis chistes, cualquiera de estas cosas. Si bien todo eso es agradable, en realidad no es una conexión emocional.

Una conexión emocional real puede tomar meses o tal vez más, porque comienza solo cuando has construido cierto nivel de confianza y cuando te sientes cómodo con la forma en que esta otra persona se comporta a tu alrededor. Una conexión emocional real no es preguntarse qué sienten realmente por ti; no es preguntarse si te llamarán al día siguiente o preocuparte de que nunca más volverás a saber de ellos porque piensas que dijiste algo raro, es saber que han descubierto algunas de tus debilidades y aún te sientes conectado y seguro con ellos.

Mucha gente podría decir: «¿Qué quieres decir con que no hay conexión? Yo sí me siento conectado». Mucha gente pensará: «Tengo una conexión con alguien porque he estado saliendo con él constantemente durante dos meses». Eso es química, es emoción, y estoy seguro de que provocan todo tipo de sensaciones, pero aún no es una conexión emocional, y quiero asegurarme de que comprendas la diferencia.

6. Conoce la diferencia entre manías y problemas no negociables

La diferencia entre las manías y los problemas no negociables es algo que aprendí cuando hablé con un científico del comportamiento llamado Logan Ury en mi pódcast. Logan también escribió un libro sobre relaciones y citas, *Cómo no morir solo*, y tenía un gran capítulo sobre problemas no negociables y manías. Logan no creó estos conceptos, pero la forma en que los articuló entre sí realmente cambió mi perspectiva. Desde que tuve esa conversación he estado usando ese lenguaje para describir la diferencia entre las cosas molestas con las que deberías poder vivir en una buena relación (manías) y las cosas con las que no te gustaría vivir de ninguna manera, sin importar lo buena que sea el resto de la relación (problemas no negociables), y menciono ambos términos a menudo en este libro.

Algunos ejemplos de problemas no negociables incluyen no hablarte sin respeto, con enojo o violencia. Tal vez sea negarse a conocer a tu familia, acostarse con otras personas o no querer mudarse a la ciudad donde vives. Algunas personas se convencen a sí mismas de que solo son molestias, pero en realidad son razones reales para dejar una relación.

Algunos ejemplos de manías pueden ser que tu pareja realmente odie las películas de terror y no quiera verlas cuando están juntos. Eso puede ser molesto, pero siempre digo: «Recuerda que todos somos molestos». No hay una sola persona que no moleste a otra persona de vez en cuando. Incluso la grandeza puede ser molesta. Uy, vaya que puede llegar a ser jodidamente molesta. Sin embargo, para la mayoría de nosotros nuestros molestos hábitos no están ligados a la grandeza, son solo estupideces comunes y corrientes que hacemos todos los días y que ponen de nervios a otras personas. Todos tenemos hábitos molestos, tal vez tratemos de ocultarlos tanto como podemos, pero a fin de cuentas somos quienes somos. Y por lo general son solo manías.

En lugar de entrar en pánico cuando te encuentras con comportamientos que no te gustan, debes descubrir qué es realmente importante para ti en una relación. Cuando alguien te molesta, ¿se trata de un problema no negociable o de una manía? Es como un ejercicio para tratar de averiguar qué tan importante es para ti el comportamiento indeseable de alguien. Si estás pensando: «En verdad me gustan muchos otros aspectos de esta persona, más allá de esta cosa molesta que hace», está bien. O tal vez hagas una lista de cosas que esperas cambiar y cosas por las que estás agradecido, y te des cuenta de que esa cosa molesta se encuentra en medio de una larga lista de cosas que esperas cambiar, junto a una breve lista de cosas por las que estás agradecido.

Un ejemplo personal: yo siempre dejo las puertas de los clósets abiertas. Dejo la ropa limpia apilada. En otras palabras, soy un poco desordenado, y sé que puede ser muy molesto vivir con alguien así. La mayoría de las veces es algo por lo que mi novia, Natalie, se burla de mí, y nos reímos juntos, y otras veces se vuelve molesto para ella. Odio hacerlo, y trato de recordar no hacerlo porque no quiero ser una molestia para ella, pero a veces no puedo evitarlo. No es algo no negociable para ella porque hay una diferencia entre ser accidentalmente desordenado y no sentirse amado o apreciado.

Ser desordenado es una cosa, pero prestemos más atención a cómo alguien nos trata, cómo se comunican y cómo lidian con la decepción. Eso merece más peso que lo buenos que son doblando la ropa.

7. Siéntete cómodo con la soltería

Puede sonar cursi o como un cliché, pero tal vez lo más importante de todo es que debes sentirte cómodo estando soltero; y lo que es más, necesitas sentirte cómodo estando solo. Parte de eso implica saber que «soltero» no es una mala palabra, una especie de letra escarlata que necesitas explicar o justificar a tus amigos y familiares. Eso es todo un desafío, no solo por tus propios sentimientos o inseguridades, sino porque en casi todas las culturas, y en nuestra sociedad, llegas a cierta edad y los miembros de tu familia comienzan a preguntar: «¿Por qué sigues soltero?», como si estuvieras haciendo algo mal. Enfrentar esas expectativas puede ser un desafío, y sé que las mujeres lo enfrentan incluso más que los hombres.

Sentirse cómodo con la soltería no fue un concepto fácil para mí, al menos no al principio. Mis veinte, en su mayor parte, consistieron en tres largas y serias relaciones monógamas con mujeres con las que pensé que me casaría, y no tuve muchas citas en medio. Cuando estaba soltero sentía que estaba incompleto, y me presionaba mucho para tener una pareja. Cuando tenía 20 años tenía la expectativa de tener una relación como la de mis padres, que aún se aman y que se conocieron cuando tenían poco más de esa edad y comenzaron a tener hijos de inmediato, etcétera, etcétera, etcétera.

Cuando mi primera relación no funcionó, y me percaté de que tenía la edad que tenían mis padres cuando se conocieron y se casaron, solo empeoré una mala situación al menospreciarme a mí mismo por este supuesto fracaso. Nunca había estado enamorado antes. Realmente no sabía cómo superarla, a pesar de que mi primera relación fue una de esas relaciones juveniles y tóxicas en las que rompimos y volvimos a estar juntos una y otra y otra vez. Pase lo que pase, todo da un poco de miedo después de tu primera ruptura real: ¿cómo superas a tu primer amor? Literalmente, no sabes que puedes amar a otra persona cuando estás en esa etapa de tu vida, ya que nunca antes habías sentido amor, así que no sabes si alguna vez volverás a sentirlo.

Como resultado, estaba desesperado por encontrar a alguien, a quien fuera. Puedo decirte por experiencia que eres más propenso a involucrarte en relaciones que no son saludables cuando estás desesperado por encontrar a alguien. Cuando conocí a una chica que era muy diferente a mi novia anterior me enamoré de esa parte de ella. Esa es una historia común; lo hacemos mucho,

¿cierto? Me enamoré de la idea de una persona, porque ella era lo opuesto a alguien que me había lastimado. Fue algo puramente reaccionario.

Cuando empezamos a salir, tan solo ignoré el hecho de que todo lo que estaba descubriendo sobre ella era evidencia de cuán incompatibles éramos en realidad. Estaba decidido a hacer que la relación funcionara, porque en mi mente pensaba: «No puedo permitir que esto no funcione, tengo que encontrar a alguien ahora». Nos comprometimos, y luego ella me engañó.

Cuando terminó mi primera relación seria no sabía si podría superarlo. Cuando mi segunda novia seria me engañó fue tan doloroso que no pude evitar sentir que de alguna manera yo no servía para eso de las relaciones. Pero después de que terminó mi tercera relación seria (ella era genial, pero fuimos incompatibles a largo plazo) finalmente me di cuenta de que una ruptura no era una prueba de que yo era de alguna manera menos valioso. Sabía que lo superaría. De hecho, fui yo quien dio por terminada la relación.

Después de eso no volví a tener otra novia seria durante años. Conocí y salí con muchas mujeres geniales, y no me molestaba ser soltero. Conocí a más personas y tomé más riesgos: me mudé a otra ciudad, invertí más en mí y en mi carrera. Y así, la siguiente vez que conocí a alguien con quien hice clic, en lugar de rehuir una posible decepción, me encontré haciendo preguntas más importantes sobre quién era esa persona y qué quería en la vida y en una relación, porque de verdad quería averiguarlo. Finalmente, me sentía cómodo siendo yo mismo y tomando las cosas con calma.

Pero algo más que sucedió fue que tuve una conversación con mi abuela después de la segunda de mis dos primeras grandes rupturas. Tenía alrededor de 28 años en ese momento y, como dije, pensé que me casaría con cada una de esas novias, así que no estaba donde creía que estaría. Estaba destrozado. Mis amigos trataron de hacerme sentir mejor, sacarme de mi desesperación, y mis padres estaban preocupados. Pero recuerdo que fue mi abuela Phyllis quien se sentó conmigo y me enseñó algo que nunca olvidaré.

Ella me dijo: «¿Sabes cuál es tu problema? No tienes perspectiva. Eres tan joven, y tienes mucho que aprender». Ahora pienso: «¡Por supuesto!». Pero en ese momento pensé: «Dios mío, ¿por qué? ¿Por qué tengo que aprender más?». No estaba de acuerdo con ella. Pero ¿cómo iba a decirle a mi abuela de 80 años que no sabía de lo que estaba hablando? Así que en lugar de eso escuché, y ella me habló sobre todas las cosas que sucedieron en su propia vida en varias etapas, y cómo las sobrevivió, incluyendo divorciarse de mi abuelo en la década de 1970, cuando aquello todavía era raro, y cuando aún tenía cinco hijos que criar como madre soltera. Así que sí, en efecto, ella tenía una perspectiva que yo no tenía.

Ella fue la primera persona que me dijo que crecería, aprendería, viviría, tendría otros amores y, algún día, miraría hacia atrás y vería cómo lo que yo pensaba que era el fin del mundo, ni siquiera era el principio. Que, a la larga, también obtendría una nueva perspectiva sobre mi dolor. La idea de que algún día miraría hacia atrás, a ese punto, desde un lugar de felicidad nunca pasó por mi mente cuando era un hombre joven con el ego herido; a esa edad piensas que el mundo gira a tu alrededor y no puedes imaginar lo que es ser más viejo.

¿Alguna vez has escuchado el dicho de que todos los días te levantas lo más viejo que has sido? Piensa en eso por un minuto. Cuando eres muy joven careces de cualquier perspectiva: no tienes mucha experiencia con las citas, a diferencia de cuando tienes 30 o 45 o incluso 29 años. Cuando eres adolescente, 25 años parece mucho. Ya eres viejo. Si me pongo a pensar en lo que sé ahora en comparación con lo que sabía cuando tenía 16 o 17 años, me parece algo realmente difícil de imaginar para una persona joven, pero a medida que envejeces desarrollas la suficiente conciencia de ti mismo para poder decir: «¿Sabes?, un día tendré 30 o 45 o 60 años, y aún me queda mucho por hacer, ver y aprender».

Básicamente, mi abuela Phyllis me enseñó que un día conocería a la persona adecuada y estaría bien, sin importar el tiempo que tomara. A los 25 años pensaba: «No quiero esperar demasiado para encontrar a alguien, quiero una relación ahora». Pero ella me enseñó a abordar mi vida amorosa, mi vida romántica, como si tuviera mucha vida por vivir y como si me quedara mucho tiempo, tiempo de ser paciente para encontrar a la persona adecuada.

Y creo que muchos jóvenes se pueden identificar con eso. Esos primeros desamores fueron mis primeros amores de verdad. Incluso le propuse matrimonio a una de esas mujeres. Con tus primeros amores, a menudo hablas mucho sobre tu futuro, juegas a la casita, piensas: «Oh, nos amamos». Supongo que deberíamos plantearnos preguntas como: «¿Queremos casarnos? ¿Tener hijos?». Pensar en el amor, en el matrimonio, hablar de bodas y de a quién invitaríamos y qué haríamos.

Y luego, ya sabes, la relación no funciona. Pero tal como me dijo mi abuela, hice las paces con eso. Finalmente llegué a un punto en el que pensaba: «Guau, estoy agradecido de que no haya funcionado». Pasé de estar triste y desconsolado porque la relación terminó a estar agradecido de que así fuera. Tuve un poco más de perspectiva y aprendí a estar bien con el hecho de ser soltero: acepté la espera y comencé a disfrutar de mi tiempo.

Cuando estás soltero no tienes que preocuparte por los sacrificios. Puedes ser egoísta con tu tiempo, conocer a varias personas, ser espontáneo y hacer las cosas de improviso sin tener en cuenta a nadie más. No tienes que estar reportándote, puedes enviar un mensaje a alguien al azar, y hay mucha libertad en eso. Trata de apreciarlo y deja de preocuparte de si tus amigos te preguntan por qué aún no has encontrado a alguien, y deja de preocuparte por las presiones sociales de tu familia o incluso la presión en tu propia cabeza. Ahora, cuando alguien te pregunte por qué aún no has encontrado a esa persona especial, puedes responder: «Simplemente no he encontrado a nadie digno de mi tiempo».

8. No te preocupes por el tiempo

Cuando llegué a los 30 estaba tan feliz de estar soltero que recuerdo que hubo un pequeño cambio por parte de mis padres. Al principio a mis padres les preocupaba más que yo que estuviera triste y desconsolado. Me decían: «Estarás bien. Está bien ser soltero. Disfruta este momento de tu vida». Tuvieron que tratar de convencerme de ello. Pero luego me di cuenta de que había cierta ansiedad de su parte cuando llegué y luego pasé los 30 años. Y luego se convirtió en: «Oh, Nick, ¿cuándo vas a sentar cabeza?». Porque estuve totalmente soltero durante un par de años y totalmente cómodo con mi vida de soltero.

En cierto momento, mi madre dijo: «¿Sabes, Nick?, quizá deberías empezar a pensar en volver a tener novia». Y solo recuerdo haberle dicho: «Mamá, mira, he tenido grandes rupturas y grandes relaciones, y ahora me siento muy cómodo siendo paciente». Y luego dije: «¿Sabes?, no sé cuándo voy a encontrar a esa persona, pero preferiría encontrarla cuando tenga 42 años y estar con ella y tener un gran matrimonio por el tiempo que sea (que, con suerte, podrían ser otros 30 o 40 años), que casarme y divorciarme a los 39 después de un matrimonio de tres años que fracasó».

Como dije, debes recordar que solo estás buscando a alguien, no a muchas personas.

No quiero esperar hasta los 45 para casarme, pero estoy *dispuesto* a esperar hasta los 45 y no entrar en pánico ni forzarlo, porque tengo el resto de mi vida por delante para disfrutar de esa persona. Es por eso por lo que quiero asegurarme de estar con la persona adecuada, en lugar de ser tan impaciente que termine por establecer una línea de tiempo arbitraria en mi vida amorosa.

Comienza con alguien que dice algo como: «Bueno, se enfada mucho y me dice cosas horribles que me hacen llorar, pero sé que no lo dice en serio», porque lo que realmente está en el fondo de tu mente es: «Si termino con esta persona tendré que empezar de nuevo. Todo este tiempo habrá sido en vano, tiempo que no puedo recuperar». Así que esa persona permanecerá en esa relación porque se ha dicho a sí misma que tiene que casarse a los 30, y tiene 29, y esa relación ya tiene tres años. Pensarán: «Simplemente no tengo ganas de empezar de nuevo». La mayoría de las veces la gente se dice a sí misma: «¿Sabes qué? Voy a seguir adelante a pesar de todo».

Pero alguien que te hace sentir mal contigo mismo no es negociable; que te hablen de una manera degradante con la que no estás de acuerdo no es negociable. Tal vez has tratado de hablar con ellos al respecto; tal vez te hayan dicho que van a tratar de cambiar, pero nunca lo hacen, y te das cuenta de que así son. Claro que es frustrante que hayas tardado tanto en darte cuenta, pero ¿no es mejor eso que quedarse y lidiar con ese problema durante 40 años más? Con suerte vivirás hasta los 80 o 90. Piensa en cómo sería estar en un matrimonio por tanto tiempo con alguien que ya te has dado cuenta de que no te hace sentir bien contigo mismo.

Suena un poco loco cuando lo pones así, pero mucha gente lo hace. Muchas personas se comprometerán a sabiendas con algo que les causará toda una vida de dolor, solo por la fugaz sensación de haber «triunfado» en el amor.

Me doy cuenta de que, como hombre, no he tenido que enfrentarme al tictac de mi reloj biológico como lo hacen las mujeres que quieren tener hijos, y solo puedo imaginar lo poderoso que debe ser. Pero sí creo que el panorama general es que todos, tanto hombres como mujeres, nos ponemos estos plazos en la cabeza, pensamos solo en la línea de tiempo, y entonces comenzamos a ceder con lo que estamos buscando en una relación que debería ser lo mejor en nuestra vida. El verdadero éxito en el amor se encuentra cuando uno se niega a conformarse.

9. Conoce a tu ego

El corazón de este libro es sobre ser capaz de controlar lo que puedes controlar en las citas y las relaciones, y a menudo en el contexto de las citas es realmente nuestro ego el que toma las decisiones. Una vez que somos conscientes de ello podemos dejar de permitir que suceda. La primera vez que conocí a mi ego fue cuando mi prometida me engañó a mis veintitantos años. Tuve toda clase de pensamientos negativos cuando me enteré, mucho orgullo e indignación: no podía creer que me hubieran engañado, y no podía creer que me hubiera comprometido solo para que me engañaran; nunca imaginé algo así. Me di cuenta de que todos esos eran sentimientos impulsados por el ego, no los sentimientos que te ayudan a superar tu dolor. En ese momento de mi vida conocí a mi ego por primera vez, pude reconocer que tenía uno y también pude reconocer el papel que jugaba en mis acciones.

Hasta ese momento no tenía ninguna conciencia sobre mi ego; de hecho, estoy bastante seguro de que si alguien me hubiera dicho: «Oh, tienes un ego», probablemente habría estado a la defensiva y respondido algo como: «¡De ninguna manera!», porque lo habría estado pensando en términos de alguien con el ego más grande del mundo. Pero después de esa ruptura pensé: «Por supuesto que tengo un ego. Todos tenemos ego». Pasé mucho tiempo pensando en lo que eso significaba y cuántas de mis opciones, en especial cuando se trataba de ese dolor específico, no se trataban de mis sentimientos hacia ella o la relación, sino de lo que decía sobre mí esta ruptura o el hecho de haber sido engañado, y también lo que otras personas pensarían de mí.

Recuerdo un momento, muy vívidamente, cuando fui a un bar en ese momento de mi vida. Por fin estaba volviendo a salir, pero todavía no estaba por completo curado. Recuerdo que alguien me preguntó: «¿Qué pasó? ¿Por qué terminaron?». Y yo respondí algo como, «Oh, ya sabes, tan solo terminó». Estaba realmente avergonzado. Me avergonzaba reconocer que me habían engañado porque sentía que eso decía algo sobre mí, lo cual, creo, es un sentimiento muy común con el que muchas personas lidiamos en las relaciones cuando la otra persona hace algo que nos lastima. Pasamos mucho tiempo tratando de no sentirnos menos, lo que en esencia implica luchar con nuestros egos.

Estaba pensando exactamente eso, y entonces me di cuenta: «Espera, ¿por qué estoy avergonzado por esto? ¿Qué hice yo?». La próxima vez que salí y alguien me hizo esa pregunta: «¿Qué pasó?», solo respondí con mucha naturalidad: «Oh, ella me engañó». Y la respuesta que obtuve fue: «Bueno, eso fue una mierda de su parte». No me sentí avergonzado, y la persona con la que hablé tampoco me miró como si me juzgara.

Muchas veces, cuando tomamos decisiones respecto a una relación estamos pensando en lo que la sociedad va a pensar de nosotros, o lo que la gente va a decir sobre nosotros. Eso es ego, y el ego puede llevarnos a tomar malas decisiones. El ego se interpone en el camino de nuestra capacidad de sanar y de salir adelante cuando atravesamos situaciones malas o dolorosas. Nuestros egos también suelen retrasar el proceso de alejarnos de una relación que sabemos en el fondo que no está donde debería estar, e incluso puede ser lo que nos haga perseguir a personas que sabemos que no son buenas para nosotros.

Justo el otro día me preguntaron: «¿Por qué sigo cometiendo los mismos errores una y otra vez? ¿Por qué sigo saliendo con idiotas? ¿Cuál es la mejor manera de conocer a una buena persona?». Y mi respuesta fue: «Al no perseguir la validación». Lo que quise decir es que no es que solo estés atrayendo idiotas, es que tu ego está buscando validación, y ese sentimiento de ser especial. Tu ego dice: «Quiero encontrar a una persona que haya tratado a todos las demás sin respeto, pero que me trate como a una reina, porque yo soy especial».

El ego es a menudo lo que está en juego cuando damos tantas segundas oportunidades a personas que nos dan muchas razones por las que no merecen nuestro tiempo. Ya sea el fuckboy o el mujeriego del que hablo más adelante en el libro, son estas personas las que nos colman constantemente de decepciones. ¿Por qué seguimos dando tantas oportunidades a esta gente? No es porque sean narcisistas sofisticados que podrían dar una clase magistral de manipulación y estemos a merced de su control mental. Esa no es la razón; a menudo es porque nuestros egos quieren sentirse especiales y validados.

Es por eso por lo que quiero que cualquiera que lea este libro se tome algo de tiempo para conocer a su ego y en realidad piense en él en cada elección que haga en las citas y en una relación. «¿Hago esto porque hará feliz a mi corazón y me hará sentir amado y cuidado, o lo estoy haciendo por mi ego?». Si eliges priorizar ser feliz con cada decisión que tomes sobre tus relaciones, e incluso en la vida en general, estarás mucho mejor.

Pregúntale a Nick

P:

Estoy casada y me han engañado dos veces, pero sigo tratando de salvar la relación. ¿Eso me hace tonta o leal?

R:

Te hace leal, vulnerable y asustada, pero no pienses que no puedes vivir sin él… y debes saber que mereces algo mejor.

P:

¿Sigo siendo amiga de un tipo con el que salí durante cinco años y con el que terminé porque me engañó?

R:

No si lo que deseas es seguir adelante y estar disponible para la persona que sea digna de tu tiempo.

P:

¿Consideras que estás dominado por tu ego o por tu alma?

R:

La vida se trata de esa batalla constante, y perfeccionar tu vida se trata de la fuerza que tenga el alma por encima del ego.

Pregúntale a Nick

P:

¿Por qué una persona que ni siquiera me gusta hirió mi ego?

R:

A tu ego no le interesa lo que te guste, solo le importa sentirse especial.

P:

Consejos por ser el único soltero de todo un grupo de amigos.

R:

Las cosas no siempre son lo que parecen: tú añoras su vida y ellos extrañan la tuya.

CAPÍTULO 2

Entrena a tus seleccionadores

¿QUÉ ES UN SELECCIONADOR?

Sí, las citas son difíciles, y hay muchas cosas que están fuera de nuestro control; por eso es tan importante controlar lo que podemos: nuestras elecciones, nuestras decisiones, nuestra comunicación y las citas que tenemos y las personas con las que salimos. Eso significa refinar nuestros seleccionadores. Un *seleccionador* es la parte del cerebro —llámalo músculo o herramienta— que usamos para evaluar con quién vamos a salir, en quién vamos a invertir más tiempo.

Empecé a usar ese término por accidente, pero luego me gustó. Una vez le dije a alguien en un pódcast: «¿Sabes?, simplemente tienes un seleccionador realmente malo y lo que debes hacer es ajustarlo». Intentaba que esa persona se sintiera mejor; después de todo, el hecho de que tenga una herramienta rota no implica que ella esté rota.

Lo comparé con un velocímetro en su automóvil: está roto o desviado por 30 km/h, pero está bien, porque lo único que tenemos que hacer es ajustarlo. Es una buena analogía porque es solo una pequeña parte del automóvil, una entre un millón de piezas que hacen que este funcione. Un velocímetro roto puede causar muchos problemas potenciales: puedes recibir multas por exceso de velocidad, tener accidentes. Pero tampoco es tan difícil de arreglar, ¿sabes a lo que me refiero? No tienes que conseguir un motor completamente nuevo, no tienes que tirar tu coche, no tienes que empezar desde cero. Así que sí, tal vez tuviste mala suerte y tu ex era tóxico y de verdad te arruinó, pero en lugar de centrarnos en eso, trabajemos en ti y en tu seleccionador para la próxima vez. Veamos cómo eliges a quién sigues viendo o con quién pasas el tiempo.

Y los seleccionadores necesitan entrenarse. Igual un cachorro, si no están entrenados, nuestros seleccionadores tenderán a perseguir cualquier cosa emocionante sin importar si es segura o no. No sé cuántos estudios se han realizado sobre el desarrollo de los seleccionadores (tal vez ninguno) y cuándo comienza este, pero si tuviera que adivinar, diría que comienza a una edad muy temprana, probablemente cuando empezamos a elegir amigos en la escuela y descubrimos qué tipo de personas nos atraen. Para cuando comenzamos a tener citas, ese seleccionador ha acumulado cierto conocimiento sobre las mejores opciones para nuestras inversiones románticas: recopila datos sobre cómo fuimos criados por nuestros padres, cosas que aprendimos en la escuela y el tiempo que pasamos en el patio de recreo. Todas estas experiencias formativas nos enseñaron lecciones que capacitaron a nuestros recolectores sobre cómo elegir amigos, compañeros de cuarto, mentores, pero cuando agregas los sentimientos románticos a la ecuación es cuando las cosas se vuelven un poco más turbias. Para ejemplificarlo con otra metáfora, el seleccionador necesita mucha afinación para lidiar con esta etapa de la vida, de la misma manera que lo haría una guitarra si alguien se la pasara tocando todas las cuerdas.

Por lo general, el éxito temprano en el amor tiene mucho más que ver con la suerte que con la habilidad. A veces nuestros seleccionadores ganan el premio mayor sin ningún tipo de entrenamiento o ajuste: su primera elección es asombrosa. En un mundo perfecto, cada vez que perdiéramos al escoger, aprenderíamos una o dos lecciones que nos darían información para ayudarnos a hacer selecciones más inteligentes la próxima vez. El problema es que el mundo no es perfecto. Si bien algunos de nosotros aprendemos con el tiempo, el «amor» generalmente tiende a volvernos tontos, o al menos irracionales. Luego, les pedimos a nuestros amigos que nos ayuden con nuestros seleccionadores, pero a menudo son tan tontos como nosotros, por lo que acabamos con un seleccionador sin entrenamiento que le da consejos a otro.

El punto es que podemos elegir con quién pasamos el tiempo: la mayoría de nosotros ya no vive en una sociedad en la que nuestros padres nos dicen con quién debemos casarnos. Es importante recordar eso cuando sentimos que las cosas no salen como queremos, cuando la realidad nos parece injusta o cuando hemos tenido una serie de malas citas o no vimos volar chispas. Cuando decimos cosas como: «No sé por qué no puedo encontrar a nadie», es cuando es importante recordar que tenemos cierto control sobre nuestra vida amorosa. Puede que no siempre funcione exactamente como lo planeamos, y no significa que no somos propensos a que otros nos decepcionen, pero siempre podremos elegir en quién invertimos nuestro tiempo y energía. Por lo tanto, debemos hacer todo lo posible para elegir lo mejor que podamos.

Así que pensé en hacer algunas anotaciones sobre cómo entrenar a tus seleccionadores, cosas que aprendí no solo de las citas, sino también de escuchar muchas otras malas elecciones. Y una de las cosas más importantes que puede hacer tu seleccionador es aprender a reconocer a los fuckboys (o *fuckgirls*, o realmente *fuckpeople*) y los mujeriegos en tu vida lo antes posible. Estos son los dos tipos principales de personas con las que podrías perder la mayor cantidad de tiempo y energía emocional. Si puedes evitarlos, o evitar pasar demasiado tiempo con ellos, evitarás la decepción o, peor aún, el verdadero dolor emocional.

¿QUÉ ES EXACTAMENTE UN *FUCKBOY*?

Lo dije antes y lo diré de nuevo: cualquiera puede ser un fuckboy (usaré ese término a lo largo del libro, con independencia del género, porque, si somos honestos, creo que todos sabemos que fuckboy en realidad se refiere a un estado mental). Si bien tal vez la mayoría de los fuckboys son hombres (dada su propensión a separarse emocionalmente del sexo con más facilidad), las mujeres también pueden ser consideradas fuckboys, las personas LGBTIQ+ pueden ser fuckboys. Francamente, todo el mundo tiene el potencial para ser un fuckboy. Como tal, es cien por ciento seguro que los encontraremos mientras nos enfrentamos al mundo de las citas, y tal vez con mucha frecuencia. Primero debes darte cuenta de que el fuckboy de una persona puede ser el futuro compañero de vida de otra. Un fuckboy es alguien con quien estás saliendo de manera casual o alguien con quien estás teniendo sexo que tan solo no está muy interesado en ti. Los fuckboys no suelen ser malas personas, aunque por lo común son los que en la relación reciben más afecto, atención y dedicación de los que dan; tienden a tener el deseo de crear y mantener una relación comprometida en teoría, pero en la práctica también están dispuestos a tener un montón de citas casuales (para ellos) o conexiones hasta que por fin encuentren «al/la indicado/a». Que, para ser claros, no eres tú, si es que estás en una situación así.

Eso es todo lo que en realidad se necesita para saber que te has topado con un fuckboy: querer más con alguien con quien has estado saliendo casualmente.

La razón por la que los fuckboys son fuckboys es que son malos para establecer expectativas con sus parejas íntimas desde el principio, y esto puede deberse a todo tipo de razones. No dicen: «Solo quiero sexo» o «Solo quiero a alguien con quien ver una película de vez en cuando y luego tener sexo porque me siento solo», porque tienen miedo de decepcionar a la otra persona, o miedo de no obtener lo que quieren, que es buen sexo o alguien con quien pasar el rato. O tal vez disfrutan el tiempo que pasan contigo y no están seguros de lo que quieren. La cultura del ligue es más prevaleciente que nunca. Con las narices enterradas en nuestros teléfonos y TikTok en aumento, el arte de la conversación y la comunicación está en declive. Como resultado, tendrás aún más encuentros con fuckboys.

Una situación clásica con un fuckboy es: Tuvimos sexo. Pasamos el rato. Me gustabas, pero no querías comprometerte más. Y luego, finalmente, todo terminó. Más tarde, una vez que pasó el tiempo, te diste cuenta, *¡Oh, era un fuckboy!*, pero en ese momento estabas ocupado tratando de entender lo que había ocurrido.

Cuando no tienen las etiquetas de «novio» o «novia», pero salen juntos y tienen sexo; cuando sospechas que le gustas más a alguien de lo que ese alguien te gusta a ti; si tienen sexo y alguien dice que le gustas más de lo que te gusta, pero sigues participando, todas estas son situaciones de fuckboy. Tal vez una de las partes intentó establecer límites, pero no tuvo la determinación, la fortaleza o la fuerza para hacerlos cumplir, y luego ambos continuaron haciendo lo mismo que antes, en general tener sexo, y luego una persona se vuelve el fuckboy. Tal vez escucharon, tal vez no sean por completo culpables. Quizá una persona dijo: «Quiero salir contigo», y tú dijiste que no. Luego dice: «¿Quieres venir a mi casa?», y tú dices: «Está bien». Alguien trató de establecer un límite y luego hizo un mal trabajo al mantenerlo, igual que la otra persona, a pesar de que en un principio estuvo de acuerdo. A pesar de que sabían que el límite era importante. Pero esa es una cualidad de fuckboy, no respetar los límites. A menudo la persona que está siendo afectada tampoco respeta el límite porque ve erróneamente el límite roto como una señal de que el fuckboy está cambiando por él o ella.

Si me conoces, sabes que soy honesto hasta el extremo, a veces demasiado, pero te garantizo que si encuestaras a todas las chicas con las que salí o con las que estuve, estoy seguro de que habría alguien que piensa en mí como un fuckboy. Tal vez no fui tan claro como pensaba, o no estaban escuchando; tal vez las cosas se volvieron desordenadas y complicadas; quizá ambos teníamos nuestras razones para ignorar los límites; tal vez la versión más justa de mí hubiera dicho: «No, no deberíamos hacer eso», pero luego lo hicimos.

Mucho de lo que sucede con los fuckboys es solo falta de comunicación sobre las expectativas y los límites. Piensa en lo que llamamos *ghosting*, o en el significado que tiene ahora. «Ghosting» se utilizaba originalmente para describir una situación en la que alguien se desentendía por completo de ti, alguien con quien habías tenido algún tipo de relación, tal vez incluso dos o tres citas. Tenías una expectativa razonable de saber de esa persona de nuevo, y luego simplemente desapareció. Pero ahora el término ha crecido para describir una situación en la que alguien tiene una cita contigo y no hay seguimiento, y te sientes mal por ello. Pero eso no es *ghosting*, es mala comunicación y ser un fuckboy. Tal vez esa persona estaba evitando una conversación sobre sus verdaderas intenciones, o tenía miedo de cualquier tipo de conflicto, o quizá tenía expectativas poco razonables sobre lo que significa una cita para ambas partes.

Estoy seguro de que, hasta cierto punto, este tipo de comportamiento ha existido desde siempre, pero solo hasta hace poco se volvió tan común. Estoy bastante seguro de que una de las razones es un mayor acceso a muchas más parejas potenciales. Por mi parte, estoy encantado de que no estemos limitados a nuestras comunidades inmediatas más pequeñas cuando se trata de encontrar a una persona con quien pasar el resto de nuestra vida. Me alegro de que cada vez tengamos más paciencia a la hora de encontrar a esa persona, y no solo nos comprometamos con alguien que nos gusta a los 23 años. Y no sentir la presión de tener que comprometernos con alguien que realmente nos gusta cuando tenemos 23 años. No se puede negar que las redes sociales y las aplicaciones de citas han aumentado drásticamente nuestras opciones (incluso si no siempre se siente así). Pero esto crea una parálisis de elección: es como desplazarse por Netflix tratando de encontrar algo que ver: tenemos miles de opciones más de las que teníamos hace solo unos años.

El punto principal es que ahora todos somos una especie de fuckboys en un momento u otro porque nos hemos vuelto comunicadores descuidados cuando salimos con alguien, en especial cuando estamos participando activamente en la cultura de la conexión.

Pero luego están los mujeriegos o «jugadores».

Los jugadores son los cerdos, no respetan en absoluto a las personas con las que salen, no tienen ningún interés en buscar, y mucho menos comprometerse con una relación. Es por eso por lo que no sorprende que la mayoría de los jugadores esté soltera. Ocasionalmente, pueden tener novia o novio, pero no tienen ningún interés en ser fieles. Están dispuestos a mentir y engañar, en lugar de solo ser honestos y terminar una relación, tal vez debido a su inseguridad inherente a estar solos. Los jugadores priorizan acostarse con tantas personas como sea posible, agregando de manera constante nombres a su lista de parejas sexuales, a quienes ven solo como conquistas.

Los jugadores sí tienen motivos ocultos, quieren darle esperanzas a la gente; quieren hacerte pensar que quieren estar allí; no sienten empatía por ti; tendrán sexo con dos personas en la misma noche, te mentirán. Te darán regalos en los cumpleaños para hacerte sentir que están pensando en ti y que eres especial cuando, literalmente, no les importas en absoluto. Un jugador quiere que pienses que es la única persona en el mundo, y te manipulará para que sigas con esa idea.

GUÍA PARA IDENTIFICAR FUCKBOYS Y JUGADORES

A continuación se muestran los signos claros de los fuckboys y los jugadores; básicamente, estas son las señales a las que debes estar atento cuando conoces a alguien y, de ser necesario, evitar a esa persona. Hasta cierto punto, no importa la lengua vernácula que use la sociedad, o los nombres que demos a estos arquetipos. En la vida real hay matices de gris, pero no creo que a la larga suponga una gran diferencia porque en realidad se trata de evitar a las personas que presentan estos comportamientos, que no nos dan lo que estamos buscando.

Siempre se trata de identificar lo que queremos: ¿Queremos una relación real? ¿Queremos encontrar una persona con quien comprometernos? Estoy tratando de ayudarte a reflexionar sobre lo que realmente quieres. Siempre se trata de mirar nuestras acciones y a nosotros mismos, y descubrir qué puedes controlar. Y una cosa que puedes controlar es dejar atrás a los fuckboys o jugadores una vez que te des cuenta de quiénes son, o mejorar el manejo de tus expectativas y límites si decides seguir viéndolos.

Para ello, el seleccionador debe tener siempre en cuenta estas señales de alarma. Cuando se presenten, acéptalas tal como son y no intentes encontrar una forma diferente de interpretarlas, una forma que vaya más acorde con tus sueños y menos acorde con la realidad.

CINCO CARACTERÍSTICAS DE UN FUCKBOY

1 Son inconsistentes

Nada es un mejor indicador de la falta de entusiasmo de alguien por ti que ser inconsistente. Inconsistente con la forma en que muestran afecto, con qué tan seguido se reportan, con las expectativas que tienen de ti. Piensa en cómo te comportas con las cosas que te gustan un poco. Disfrutas de ellas de vez en cuando, son mejores que nada, pero puedes vivir sin ellas, y con frecuencia lo haces. Cualquier cosa que te entusiasme, no puedes esperar para disfrutarla, no importa si se trata de una nueva persona en tu vida o de un nuevo e increíble masajista al que estás yendo. La inconsistencia puede ser normal, y a menudo ocurre en las primeras etapas de una situación de citas, especialmente cuando aún se comunican a través de una aplicación, pero cuanto más tiempo pasamos con alguien, más constante debe ser el tiempo que pasamos juntos, si es que están entusiasmados con la relación. Si continúa siendo inconsistente o, peor aún, se vuelve más inconsistente de lo que era antes, entonces existe una gran posibilidad de que esté pasando el rato contigo hasta que encuentre algo que considere mejor.

No me importa qué excusas te digas a ti mismo, la falta de consistencia significa que no está comprometido. Cuando estás teniendo sexo con alguien y esa persona no está dispuesta a convertirte en una prioridad, estás interactuando con un fuckboy. No debería importar qué tan concentrado esté en su carrera en este momento, o qué tan recientemente se divorció, si está entusiasmado contigo, se centrará en ti. «Nick, ¿qué pasa con las relaciones a larga distancia? Esa es una razón para que alguien sea inconsistente». ¡No! Cuando estamos interesados en una persona, hacemos excepciones locas al comportamiento razonablemente aceptable. Las personas que son inconsistentes no están entusiasmadas contigo. Si estás teniendo sexo con alguien que te emociona, pero él no se emociona contigo, es casi seguro que te estés enamorando de un fuckboy.

2 No hacen planes a largo plazo

No salgas con nadie que te interese románticamente y que no esté dispuesto a hacer planes contigo al menos con un día de anticipación. Ahora, esto es más una guía, no debe tomarse de manera tan literal, pero usa tu sentido común. Es decir, si el Guapo Ben, con quien tuviste una buena primera cita hace tres días que te dejó sin saber si habría una segunda cita, se acerca y te dice que tiene boletos para un evento emocionante, pues ve a esa cita. Si el Guapo Ben te envía un mensaje de texto a las tres de la tarde tres días después de la primera cita, y la conversación va más o menos así:

Guapo Ben: Oye, ¿qué harás más tarde?

Tú: ¡¡Hola!! No mucho. ¿Y tú?

Guapo Ben: Sin planes…

Guapo Ben: Si no vas a hacer nada más tarde, vamos por un trago.

Bueno, solo para que sepas, el Guapo Ben estaba aburrido. Quería hacer algo y tú eras una opción. De nuevo, esto es común y está bien en un principio. A veces se necesitan algunos fósforos antes de que broten chispas. Cuando sucede de manera regular o aun después de algunas citas, entonces simplemente no están entusiasmados contigo. Ahora, es posible que tengan reservas sobre invertir más tiempo contigo, pero las personas que quieren ver si aún es posible una relación suelen abordar esas reservas conociéndote mejor. Si nunca quieren hacer planes con anticipación, entonces existe una gran posibilidad de que solo seas una opción para ellas.

¿Qué significa cuando alguien accede a ir a una cita que planeaste con anticipación, pero no se esfuerza por planear nada por su cuenta? Significa que está dispuesto a presentarse. Ahora, dependiendo de la situación o de cuánto tiempo tienes de conocer a la persona, ese compromiso sencillo puede ser bueno o malo.

Digamos que has tenido algunas citas con la misma persona. Lo has pasado bastante bien. Estás entusiasmado con ella, pero nunca puedes saber si realmente están en la misma página. Cuando piensas en ello, te das cuenta de que tal vez te estés acercando a ella más de lo que se está acercando a ti. Dice cosas como: «Deberíamos salir de nuevo en algún momento» o «Puede que esté libre la próxima semana para pasar el rato», pero nunca dice: «Conozco un gran restaurante al que quiero llevarte este fin de semana». Bueno, entonces sabes que no está tan entusiasmada contigo. Le gustas lo suficiente como para que no le importe pasar tiempo contigo cuando no tiene nada mejor que hacer. En otras palabras, eres solo una opción para esa persona.

Sé lo que estás pensando: «¡No todos son planificadores!». Eso es muy cierto. Yo no soy planificador. Odio la planificación, pero me enorgullece mucho la capacidad de las personas para contar conmigo. Así que puede que no sea un buen planificador, pero si digo que voy a hacer algo, puedes contar conmigo. Algo más que recordar acerca de esto es que incluso los malos planificadores planificarán algo si están entusiasmados con ello. A menudo no tengo idea de lo que haré para cenar, y mucho menos dentro de unas semanas, pero cuando se trata de estar emocionado por tener una cita con una chica que realmente me gusta, no dudes en que busco hacer planes para verla en un futuro cercano. Ahora, es posible que el plan no sea tan bueno como el de un planificador experto y detallado, pero el esfuerzo está presente.

Aunque sea el simple gesto de preguntarte si quieres reunirte al día siguiente, al menos eso demuestra que está pensando en ti con anticipación. Estás en su mente. Cuanto más tiempo antes haga planes, probablemente más emocionado estará. Y si hace planes, pero estos no muestran mucho esfuerzo o no están pensados en ti, entonces probablemente estés tratando con alguien que aún no ha decidido si quiere invertir esa energía extra en tu persona.

Y sí, la espontaneidad puede ser divertida, pero siempre debe ir acompañada de un plan para volver a verte. Un fuckboy es una persona que solo te contacta porque está aburrida, cachonda o ambas cosas. De vez en cuando puede parecer que estas personas están haciendo planes contigo, pero generalmente es solo porque van a un evento planeado y quieren asegurarse de tener una cita, o no quieren hacer algo solas. Si alguien rara vez está dispuesto a hacer un plan con al menos un día de anticipación, rara vez está pensando en una relación. E incluso si lo piensa, no está entusiasmado. Como dije, para esas personas eres una opción. Debido a las aplicaciones de citas y la capacidad de quedar con gente y enviar mensajes a varias personas simultáneamente, nuestras opciones han aumentado, pero con el tiempo debes dejar de ser una opción para las personas y ver quién está dispuesto a elegirte.

Si alguien constantemente está de acuerdo con los planes y luego los cambia en el último minuto, siempre llega tarde o generalmente no tiene consideración por tu tiempo, entonces puedes asumir que no es confiable, y también que no está tan entusiasmado o interesado en ti. Una pregunta de seguimiento que comúnmente recibo cuando hablo de este tipo de cosas es: «¿Qué hay de las personas que hacen planes contigo, pero luego no se presentan?». A lo que yo respondería: «Bueno, estás tratando con un tipo especial de persona egoísta que es lo suficientemente consciente de sí misma como para saber que a la gente le gustan los planes, pero sigue siendo una persona egoísta. Si alguien te hace eso, aléjate».

Por último, pero no menos importante, sé razonable y práctico con tus expectativas. Ya sabes, es un poco extraño esperar que alguien haga un plan extravagante en una primera cita. Si estás rechazando citas con personas que no están dispuestas a hacer un gran plan en una primera cita, bueno, podrías estar cerrando muchas puertas y ventanas a alguien con la misma cantidad de opciones que tú, y con la misma cantidad de preguntas que tienes tú, que solo quiere conocerte un poco más. Pero si ya van por la segunda o tercera cita, o hablan regularmente, o si han tenido intimidad, entonces es razonable esperar que la otra persona planee una cita.

3 Siempre encuentran excusas para no tener una relación contigo

Esta debería de ser una forma obvia de detectar a un fuckboy, dado que no quieren avanzar en la relación. Excepto que muchos de nosotros, incluso después de escuchar las excusas, encontramos formas de malinterpretar o simplemente ignorar las señales de que estamos tratando con un fuckboy.

Estas excusas se pueden expresar de muchas maneras diferentes, pero casi siempre incluyen algo como: «Me gustas, pero...». Algunos patanes incluso son capaces de decir: «Te amo, pero...». Lo que te están diciendo es que no quieren salir contigo. No importa en absoluto si esto va precedido por cumplidos, muchas solicitudes para «verse» van seguidas de un «tal vez en el futuro». En realidad, casi no importa lo que venga después del «pero» (pero vivimos muy lejos; pero eres 10 años mayor). No quieren salir contigo ahora y, para ser honesto, nunca lo harán. Los fuckboys siempre mencionarán alguna razón por la que no pueden estar en una relación, pero nunca ponen fin a la situación actual ni ofrecen una solución para cambiarla. Así que no dejes que tu ego herido te impida escuchar a un fuckboy admitir lo que es para ti. Tu ego está equivocado.

Esta es la razón por la que, a menos que seas realmente bueno estableciendo expectativas con las personas con las que sales o con las que tienes sexo, casi todo el mundo es un fuckboy. Todo el mundo es un fuckboy hasta que conoce a alguien por quien está dispuesto a hacer sacrificios. Se escucha más o menos así: «Solía decir que no quería una relación y luego te conocí y, carajo, haría cualquier cosa para estar contigo. Quiero estar contigo. Quiero renunciar a mi tiempo libre con mis amigos. No me importa si vives lejos. No me importa si eres 10 años mayor». Si estás interesado en estar con alguien, *voilà,* no eres un fuckboy, así que haz que funcione.

4 Suelen decirte la verdad

La cuestión es que la mayoría de las veces los fuckboys te dirán con exactitud lo que son: personas que simplemente no buscan nada serio en ese momento. Por alguna razón, muchos de nosotros no tenemos ningún problema en mentirnos a nosotros mismos y luego mentirles a otros y decir «busco lo mismo», cuando en realidad queremos algo serio. En realidad solo queremos agradarles y nos decimos a nosotros mismos que solo necesitamos más tiempo para mostrarles lo grandiosos que somos. Así que la próxima vez que alguien diga lo genial que cree que eres o cuánto te ama, PERO simplemente no quiere nada serio, cree cada palabra que diga. No lo analices demasiado ni trates de descifrar cómo es que puede amarte, pero no querer estar contigo. Y no dejes que tus amigos te convenzan de que solo le temen al compromiso y que cuando dicen que te aman es su subconsciente pidiendo ayuda, y que debes luchar por los dos. No, no hagas eso. Eso es una locura. Tan solo escucha lo que están diciendo. Cuando te lo digan, créeles.

Sé lo que estás pensando, pero ¿y si te dicen que te aman? Si quieres saber por qué un fuckboy puede decir que te ama y aun así no quiere estar contigo, no es porque tenga miedo, es porque es egoísta. Tal vez te ama, pero es el amor de alguien que está en un estado mental muy egoísta, con una cantidad muy limitada de amor para dar a los demás. Y no es así como quieres o necesitas ser amado. Todos podemos ser egoístas. Algunos de nosotros más, pero se podría argumentar que hay momentos para ser egoístas y hay momentos para dar en nuestra vida. El truco es encontrar el equilibrio adecuado.

Evitar a las personas equivocadas es muy difícil, y lo mínimo que podemos hacer para protegernos es escuchar a los que son sinceros al respecto.

CINCO CARACTERÍSTICAS DE UN JUGADOR

La buena noticia es que las cinco características de los fuckboys también se aplican a los jugadores, por lo que no tienes que aprender un conjunto de reglas completamente diferente. Solo hay cinco cualidades adicionales que debemos tener en cuenta para determinar si alguien es un jugador.

1 Tienen un historial de infidelidades

Esta debería ser una señal obvia, pero muchos de nosotros elegimos ignorarlo porque nuestro ego nos dice que tenemos que ver por nosotros mismos si no se puede confiar en una persona, en lugar de solo analizar su historial; esto es igualmente cierto si tú eres la persona con la que están siendo infieles. Como dije en la primera parte de este libro, nuestros egos quieren que creamos que somos especiales, a los que los infieles finalmente tratan con respeto. Como de costumbre, nuestros egos están equivocados.

2 Mucha gente te advierte sobre ellos

No puedes ser del agrado de todos. La gente constantemente critica a los demás por razones estúpidas y sin sentido. Como tal, no digo que toda crítica sobre alguien con quien estás saliendo sea motivo suficiente para huir, pero los jugadores dejan un rastro de destrucción detrás de ellos. Por lo general hay varias historias sobre el comportamiento negativo de un jugador, si estás dispuesto a escucharlas. Si alguien te dice que tengas cuidado, o te pregunta tal o cual cosa sobre ellos, no ignores del todo sus consejos.

3 Cosifican constantemente a las mujeres

Si estás saliendo con un chico que habla constantemente sobre el cuerpo de otras mujeres o las critica, es muy probable que sea un jugador (y un pedazo de mierda). Estas personas no respetan a las mujeres, les hablan con desprecio, las menosprecian. Si le pides a esta persona que dé su opinión sobre otra relación heterosexual, casi siempre se pondrá del lado del hombre, sin importar cuán problemática sea la situación.

4 Te hacen *gaslighting*

El *gaslighting* es una táctica que la gente usa para ganar más poder. Hace que sus víctimas cuestionen la realidad al insistir en que la evidencia que ven no se corresponde con lo que creen. Por ejemplo, la persona con la que estás saliendo está constantemente en antros y te llama a las tres de la madrugada para que vayas. Cuando la ves, huele a perfume, tienen lápiz labial en el cuello y un chupetón. Cuando le preguntas si ha estado con otras mujeres esa noche te acusa de estar loca y paranoica. Su objetivo es mantenerte constantemente a la defensiva, de esa manera, mientras estás tratando de justificar tu cordura, ellos son libres de agregarte a su lista de conquistas.

5 Te bombardean con afecto

Se trata de un intento de influir en una persona mediante demostraciones de atención y afecto. Esencialmente, te llenan de palabras y afirmaciones que se sienten igualmente prematuras e inconsistentes. Te dicen que te aman aparentemente de la nada, en especial cuando están perdiendo el control o el poder en la relación. Quieren que te sientas agradecido por el amor y el afecto que te dan, y que nunca cuestiones que podrían ser falsos. Noticia de última hora: en realidad no te aman. Son jugadores que no tienen ningún problema en usar aquello que anhelas para conseguir lo que ellos quieren.

Nuevamente, la gente quiere escuchar esas palabras, se siente genial, pero si te parece muy pronto o rápido, o un poco a la defensiva, no hay nada de malo en preguntar: «¿Por qué me amas?», «¿Por qué te sientes así?», «Oh, es muy amable de tu parte decirlo, pero ¿por qué tienes esos sentimientos por mí?». Si alguien no puede articular por qué te ama más allá de «Simplemente te amo» o «Eres genial» o «Eres increíble», entonces probablemente no sea amor. Puede ser enamoramiento. Puede que sea una mentira. Decir «te amo» no debe ser solo un sentimiento frívolo, no es algo que dices porque se siente bien en el momento. Tal vez incluso piensen que te aman, pero no asumas que te aman de la manera en que esperas que te amen. ¿Tienes alguna idea de lo que significa el concepto de amor para ellos? Hay un millón de versiones diferentes de lo que significa el amor para las personas. Ten cuidado de poner tanto peso en lo que alguien dice si no tienes una comprensión clara de lo que quiere decir. Creo que muchos de nosotros quedamos atrapados en esas palabras y tenemos miedo de cuestionarlas, porque se siente muy bien escucharlas.

Solo quiero agregar que después de leer este libro no deberías comenzar a diagnosticar a las personas con las que estás saliendo o las personas con las que están saliendo tus amigos con base en lo que te estoy diciendo. Si crees que te están bombardeando con afecto o haciéndote *gaslighting*, o si crees que algún amigo está una situación así, tal vez sería bueno consultar a un terapeuta real o a un libro de referencia, no al internet ni a mí. Ambos términos son bastante serios. El *gaslighting* es un esfuerzo sistemático y continuo para tratar de alterar la realidad de alguien, no es estar en desacuerdo sobre una situación, no es estar tan frustrado con tu pareja que dices cosas como «¡Yo nunca dije eso!». Eso tal vez no sea *gaslighting*, sino un desacuerdo.

La lección más importante podría ser que no necesitas conocer estos términos para establecer límites, para hacer cumplir los límites y para considerar por qué te quedas en una relación que te hace sentir más mal que bien. Si te despiertas en esta relación y te sientes miserable, ¿por qué eliges quedarte? Eso es lo más importante.

BONO: CÓMO IDENTIFICAR A UN INFIEL

Tal vez no conoces a ese jugador, no tienen amigos en común y te preguntas si deberías salir con él. ¿Cómo saber si es infiel? Cuando tenía 28 años me comprometí con mi entonces novia. Justo después de que nos comprometimos, muchos de mis amigos dijeron: «Tenemos que decírtelo, te está engañando», pero yo no quería escucharlo. Me convencí de una verdad alternativa porque mi ego no podía manejarlo. No estaba preparado para pensar que alguien podría engañarme, y mucho menos alguien a quien le acababa de proponer matrimonio. Yo pensaba: «Estoy comprometido con esta persona, necesito confiar en ella». Eso es amor: confiar en alguien, bla, bla, bla, bla, bla. Simplemente no quería ver lo que estaba justo frente a mí, pero ahí estaban todas las señales y, en retrospectiva, vi muchas de ellas antes de que mis amigos me lo dijeran. Siempre me gusta decir que las virutas hacen un montón: las cosas pequeñas se suman para hacer algo grande.

Parte de lo difícil de estar dispuesto a reconocer la pila de evidencia es que nuestro ego no quiere admitir que jugaron con nosotros, que nos engañaron durante tanto tiempo. Creo que es por eso que el *catfishing* funciona, incluso cuando las historias de portada parecen mentiras de lo más exageradas. Una vez que profundizas lo suficiente como para que puedas ver que todo es una mentira, es demasiado difícil de enfrentar, así que simplemente no quise ver, pero a partir de esa experiencia aprendí a detectar a un infiel: estas son (algunas de) las señales.

1. ¿Hay lagunas en su línea temporal? ¿Pueden realmente rendir cuenta de los días o las horas en las que no los viste? ¿Desaparecen de repente y no sabes dónde están?

2. Si les haces preguntas sobre ciertas cosas que deberían ser fáciles de responder, por ejemplo, dónde estaban o con quién estaban, ¿se irritan o se enfadan? ¿O las respuestas que te dan son confusas?
3. ¿Por qué tienen tantos supuestos «amigos» o «colegas», de los que nunca has oído hablar antes de que los llaman o les envían mensajes?
4. Tienen amigos del sexo opuesto, pero son reacios a que seas amigo de esos amigos. O quizá del mismo género, si son parte de la comunidad LGBTIQ+. (Si es el amigo el que está tratando de mantenerte a distancia, no significa necesariamente que se esté metiendo con tu pareja, pero definitivamente significa que esa persona no está cien por ciento dispuesta a respetar tu relación).
5. A fin de cuentas, si algo se siente mal, probablemente así sea. Confía en tu instinto. Alguien me preguntó una vez: «¿Cómo sabes la diferencia entre ser paranoico y confiar en tu instinto?». Ser paranoico es crear nuevos escenarios en tu cabeza y luego responder a eso, y confiar en tu instinto es responder a algo que tu pareja realmente hizo.

Si esto te suena familiar, te insto a que abras los ojos. Es posible que tu ego te esté impidiendo ver las señales («no me pueden engañar a mí, no a mí»), pero al ignorar estas señales de advertencia no estás guardando las apariencias, solo estás perdiendo tu tiempo.

CUANDO LOS FUCKBOYS SE CONVIERTEN EN UN «CASI ALGO»

Si no estás prestando atención a las señales de alerta, y no te comunicas activamente ni haces cumplir tus límites con un fuckboy o un jugador, a largo plazo podrías terminar en un «casi algo», no en una relación.

¿Qué es exactamente un casi algo? (Más allá de ser un nuevo término de citas que se ha vuelto muy común en los últimos 10 años). El psicoterapeuta Jonathan Alpert, autor de un libro de autoayuda llamado *Be Fearless,* ha descrito un casi algo como «ese espacio entre una relación comprometida y algo más que una amistad». El programa *Today* lo describió como «menos que una relación, pero más que un encuentro casual o un ligue, un casi algo se refiere a una relación romántica que es, y sigue siendo, indefinida».

Hay algo en esas descripciones tan comunes ahora que no me gusta. Hacen que una situación suene neutral, como si fuera algo que puede suceder al azar y, peor aún, que ahora es otro tipo de estado civil completamente válido y aceptable. Para ser honesto, suena a como un fuckboy podría describir una situación: «Bueno, es lo que es».

Me gustaría darte una interpretación más honesta y útil de un casi algo: es una conexión romántica en la que una parte evita una relación mientras que la otra parte espera que eso cambie. Mi definición tiene un punto de vista específico: un casi algo no ocurre al azar, sucede porque las personas toman decisiones, y son esas decisiones las que crean la situación.

Ya que he decidido diferir con la definición de *Today,* también quiero señalar que no creo que sea correcto decir que un casi algo permanece indefinido. Eso implica que ninguna de las partes ha intentado definir la conexión romántica, como si los casi algo fueran solo dos personas que están involucradas románticamente, pero que no se han puesto a conversar sobre dar el siguiente paso. Si bien estoy seguro de que eso sucede, estoy dispuesto a apostar que la mayoría de ustedes que se considera en un casi algo ha intentado definir las cosas muchas veces. Más específicamente, quieres estar en una relación, pero la otra persona siempre tiene alguna razón por la que necesita continuar definiéndose como soltera.

Desde esta perspectiva, la situación está muy definida. No es la definición que querías, y por eso es un casi algo y no una relación. Lo siento, *Today.*

Para ser claros, no estoy tratando de superar a personas que seguramente son más inteligentes que yo, solo estoy señalando que un casi algo no es algo por lo que luchar, ni siquiera aceptar. En un casi algo te enfrentas a aceptar menos de lo que quieres con alguien. Terminas tratando de comprometerte contigo mismo sobre lo que estás dispuesto a dar y aceptar. Si te encuentras en un casi algo, debes hacer todo lo posible para salir de ahí, porque todo lo que estás haciendo es comprometer los límites que querías establecer con una persona con la que querías tener una relación.

Ocasionalmente, también puede darse la situación de que estés en una relación, tal vez se llamen novio o novia entre ustedes, y estén comprometidos en teoría, pero en la práctica se parezca más a un casi algo. Si te encuentras constantemente anhelando más y siempre aceptando menos, ya sea más de su tiempo o más compromiso emocional o simplemente conocer a sus amigos, técnicamente podrías estar lidiando con un casi algo. Eso es porque hay muchas personas a las que les encanta tener el título de novia o novio, pero odian las expectativas que conlleva. En otras palabras, no tienen ningún interés en ser novia o novio de alguien.

Pensar en las prioridades es una forma de evaluar si ambas partes están en la misma página y no solo esperando su momento en un casi algo hasta que aparezca alguien mejor. Debes ser una prioridad para la persona con la que estás en una relación real. No deberías ser su única prioridad, pero tampoco deberías ser la última después de todo lo demás: su familia, su trabajo, sus amigos y sus pasatiempos.

Comprender el lugar que ocupas en la lista de prioridades de otra persona es clave para determinar si estás con alguien que solo quiere algunos de los beneficios de una pareja, pero que en realidad no quiere una relación seria o, más específicamente, que no la quiere contigo. Porque hay una gran diferencia, y es importante reconocerla; para esto, lo que puedes hacer es pensar con detenimiento dónde te encuentras en la lista de prioridades. ¿La persona con la que estás de manera constante te pone primero al menos parte del tiempo? Si te das cuenta de que casi nunca eres una prioridad, tienes que establecer un límite y ceñirte a él; el límite es que, si no pueden o no quieren convertirte en una prioridad en algún momento, entonces te alejas, porque no debes aceptar menos de lo que quieres en una relación.

Dicho esto, la forma más fácil para cualquier persona de resolver cualquier tipo de situación es... redoble de tambores... ¡COMUNICARSE! Te comunicas y le dices a esa persona: «Quiero estar contigo. Me estoy enamorando de ti. Es más, ya me he enamorado. Te amo. Quiero mucho más contigo. No quiero que seamos solo amigos o que tengamos una conexión ocasional, quiero ser una prioridad en tu vida».

Como he dicho, la mayoría de nosotros elegimos no hacerlo por miedo a escuchar la respuesta que no queremos. Sin embargo, es la forma más eficiente de identificar si existe la posibilidad de que eso cambie, al mismo tiempo que se inicia el proceso de curación. Una vez que comunicas tu vulnerabilidad es como hacer una limpieza que hará que comiences a sentirte saludable nuevamente. Puede que no te sane tan rápido como quieres, o de la manera que quieres, pero te sentirás mejor. Comunicar lo que quieres (establecer expectativas y límites) y responsabilizarse después de hacerlo hará que la persona con la que te encuentras en una situación te elija, porque perderte es algo que preferiría no hacer, o dejará muy claro que nunca te va a elegir. También creo que es bueno recordar que si tu casi algo te rechaza después de intentar definir las cosas, en realidad no te está rechazando a ti, solo está rechazando lo que quieres.

En caso de que aún necesites alguna aclaración, aquí hay un desglose de dos de los tipos más comunes de casi algo.

1. El recién salido de un casi algo

Un chico me llamó durante un episodio de mi pódcast, un joven que estaba saliendo con una mujer que se había divorciado hacía poco cuando comenzaron a salir. Había sido un matrimonio bastante largo. Cuando llamó al pódcast, había estado saliendo con ella durante casi un año, pero en realidad era un casi algo.

Los casi algo son muy comunes. Ya sabes, estás pasando el rato con alguien durante un periodo algo largo. Hay cierta consistencia allí, es decir, tienen intimidad de manera regular. De vez en cuando salen a cenar, juegan a la casita, pero tal vez no hablen todos los días. No conocerás a sus padres ni pasarás tiempo con sus amigos. Uno de los dos siempre dice: «No quiero una relación en este momento», pero les gusta tener a alguien con quien pasar la noche, tener sexo consistente, ir al cine, cenar. Les gusta que, si los invitan a una boda, tienen una cita y todos los beneficios superficiales que conlleva tener novia o novio. A muchas personas simplemente les gusta tener a esa persona cerca, incluso si no es la persona indicada.

En el caso del chico que me llamó, esta mujer trataba de evitar cualquier discusión sobre ser exclusivos, cualquier conversación sobre entablar una relación más seria. Incluso mencionaba que estaba viendo a otro chico también. Llevaba divorciada un año y medio en ese momento; sin embargo, aún mencionaba el divorcio como la razón por la que no podía comprometerse. Con toda honestidad, es posible que alguien recién salido de un matrimonio aún no esté listo para la próxima gran relación, pero ahí es donde entra en juego ser honesto y establecer expectativas. En cambio, ella seguía queriendo pasar el rato con él, seguía queriendo tener sexo con él, que él estuviera allí cuando ella quería verlo. Decía cosas que sugerían que no estaba segura de querer pasar el resto de su vida con él, porque ya había estado casada y eso no había funcionado, etcétera, etcétera, etcétera. Había momentos en los que empezaban a tener relaciones sexuales con más frecuencia, y luego se veían menos. Después comenzaban a hablar de nuevo, comenzaban a acostarse otra vez, pero nada cambiaba en realidad.

Ahora, querido lector, te pregunto, después de leer lo anterior, ¿estás confundido acerca de lo que está pasando aquí? Me imagino que no. Está claro que estas dos personas buscan cosas diferentes de la relación. Está claro que, para ella, él era solo una opción. Y aquí está este tipo al otro lado de la línea, confundido. A él le gustaba ella, quería salir con ella, estar con ella, pero en este punto tenía miedo incluso de volver a cualquier tipo de compromiso porque temía que si sacaba el tema perdería la parte de ella que tenía. Preferiría tener solo un poco de ella, me dijo, si no podía tenerla toda. Y por eso no hizo nada.

Hay que aclarar que ella no era una persona horrible. No estaba mintiendo, ni siquiera estaba siendo del todo engañosa. Probablemente se preocupaba por sus sentimientos, pero en última instancia quería ser un poco egoísta, salir y tener citas y tener la libertad de pasar el rato con quien quisiera, pero también, ya sabes, tener sexo con él cada vez que se le antojara.

En resumen, ella estaba siendo una fuckboy, y los fuckboys suelen mencionar alguna razón por la que no pueden tener una relación. Tal vez esta parezca razonable, en un principio, como un divorcio. «Esta persona acaba de divorciarse —piensas para ti mismo—, es normal que quiera ser cautelosa». Eso parece totalmente justo. Pero, como dije, ¿cuánto tiempo puede ser un divorcio una razón razonable para no estar en una relación con alguien? ¿Un año? ¿Dos años? Ella va a conocer a otro chico, y él la va a enamorar, y ella va a decir: «No me importa que me divorcié hace solo un año y medio».

Como dije, ella no es una mala mujer. Se trataba de dos personas que tenían miedo de ser más abiertas con sus sentimientos porque ninguna de las dos quería perder lo que tenían, aunque el valor que cada una veía en la relación era diferente. Cuando se trata de fuckboys, especialmente estos fuckboys a largo plazo, gran parte se reduce a nuestras propias elecciones. Estamos eligiendo no establecer límites o ignorar los que hemos establecido. Muchas veces nosotros mismos crearemos estas situaciones: lo hacemos cuando sabemos que queremos más, pero estamos dispuestos a aceptar menos porque tenemos miedo.

Queremos salir con estas personas. Queremos que se comprometan con nosotros. Queremos estar con ellas, y nadie más. Tal vez se los hayamos insinuado, tal vez les hayamos planteado la idea, pero incluso después de que la otra persona dice que no o evita la pregunta, seguimos allí cada que quieren tener sexo. Seguimos pasando el rato.

Y eso es lo que había estado haciendo el chico de la llamada, soportaba esa situación dolorosa y se convencía a sí mismo de que no era tan malo. Esta mujer le decía constantemente: «No quiero una relación en este momento», y no podía ser más sincera. Excepto que mi interlocutor seguía enfocándose en las palabras «en este momento», y se decía a sí mismo que la situación podría cambiar.

No hacía más preguntas que pudieran terminar en una respuesta que no quería escuchar (como que «en este momento» en realidad significaba «nunca»). No quería presionarla para que respondiera, no solo porque tenía miedo de alejarla, sino también porque tenía miedo de la verdad. Y la verdad no es que ella no quisiera una relación en ese momento, simplemente no quería una relación con él.

2. La situación «gomitas aciduladas»

Me gusta llamar «gomitas aciduladas» al peor nivel de un casi algo. Este es un término que inventé hace unos años después de asistir a la fiesta de cumpleaños de una mujer con la que estaba saliendo en ese momento. Era una fiesta pequeña y esa era la primera vez que me reunía con su familia y su círculo de amigos. Anteriormente había conocido a su hermana y había desarrollado una especie de amistad con ella. Ya que soy introvertido, me acerqué a su hermana para tener a alguien con quien pasar el rato y no preocuparme por deambular al azar en medio de la habitación con nada más que mis pensamientos neuróticos para hacerme compañía.

A medida que la hermana se sintió más cómoda conmigo, comenzó a hablarme sobre este chico con el que había estado «saliendo» durante más de un año. Era un compañero de trabajo, alguien unos años más joven que ella. Habían tenido sexo, citas y se estaban conociendo. Ella quería estar con él, pero nunca se lo expresó directamente. Lo sugería de pasada, a veces planteaba la idea como una opción, lanzando de forma pasivo-agresiva pequeñas pistas sobre el deseo de dar el siguiente paso. Sin embargo, nunca cruzó por completo la línea de ser lo suficientemente vulnerable como para decir: «Quiero estar contigo. Me estoy enamorando de ti. Es más, ya estoy enamorada. Te amo. No quiero que seamos solo amigos, quiero mucho más contigo». O alguna versión de eso.

Confiarle cómo se sentía realmente significaría tener que responsabilizarlo a él, y a ella misma, del hecho de que no podían ser solo amigos. Pero, por supuesto, la alternativa era una tortura. Eso es lo que estaba haciendo: torturarse a sí misma, ya que quería mucho más y aceptaba menos con la esperanza de que algún día él quisiera renunciar a su estilo de vida actual, un estilo de vida que ya incluía acostarse con ella y tener citas esencialmente cada vez que quisiera. Cuando se sentía vulnerable y solo, se acercaba a ella.

Para justificar toda esta energía que estaba invirtiendo se decía a sí misma que era una señal de que él la necesitaba, y que el hecho de que la necesitara era un recordatorio para él de que valía la pena comprometerse con ella, y a la larga eso terminaría haciéndole clic a él. Ese es el sueño: conectar con alguien que te elija, que te ame tanto que no quiera una conexión emocional o física con nadie más. Las personas están dispuestas a hacer sacrificios y compromisos por la persona que aman y la conexión que quieren hacer crecer. La buena noticia es que es posible. Sucede todos los días. Puede pasarle a cualquiera. La mala noticia es que el mundo está lleno de personas con las que disfrutamos de inmediato y a quienes confundimos con candidatos potenciales para este tipo de amor que estamos buscando. Personas que nos brindan gratificación instantánea al máximo. Excepto que el problema para nosotros es que son tóxicas, y cuando pasamos demasiado tiempo con ellas nos enferman.

Mientras hablaba con la hermana, ella entraba en todos los detalles de la relación. Desde luego, yo estaba fascinado con su historia y quería ver si podía tratar de ayudar a resolver su situación. Su mayor problema era que ni siquiera sabía cuál era su verdadero problema. Hablaba de la ligera diferencia de edad y el hecho de que trabajaban juntos. No recuerdo totalmente todos los detalles, pero tal vez dijo algo sobre una novia anterior que le rompió el corazón o un padre que no se llevaba bien con él cuando era niño. Ella veía todos estos desafíos como las razones por las que no estaba obteniendo lo que quería, y aunque todos los desafíos antes mencionados son obstáculos reales y válidos que las parejas enfrentan todo el tiempo, ninguno de ellos ha impedido que una pareja esté junta si eso es algo que ambos quieren. Su principal problema era que él no quería comprometerse con ella, punto final. Su problema secundario era que estaba convencida de que eso no era cierto.

Quería encontrar una manera de explicarle cómo entendía yo su lógica. Quería repetirle cómo lo estaba escuchando y que le pareciera tan obvio como a mí que su problema era él. Pensé en uno de mis dulces favoritos. Mi amiga tóxica, las gomitas aciduladas. Me encantan esos dulces. Era literal que mi boca salivaba justo mientras escribía su nombre y pensaba en los dulces maravillosamente amargos y dulces. Son tan buenos, increíblemente buenos. Y también muy tóxicos, por así decirlo. El placer que obtengo al comer una bolsa entera a la larga termina haciéndome sentir algo enfermo: posibles dolores de estómago, hinchazón, fatiga y una gran cantidad de molestias sutiles. Permíteme que te diga cuáles son los ingredientes de las gomitas aciduladas: azúcar, azúcar invertido, jarabe de maíz, almidón de maíz modificado, ácido tartárico, ácido cítrico, sabor natural y artificial, amarillo 6, rojo 40, amarillo 5, azul 1. El ingrediente más saludable en ese montón de basura es el azúcar. ¡Azúcar! Lo que crea inflamación en nuestro cuerpo, y la inflamación es en esencia la causa principal de todos los problemas de salud que tenemos. Así que sí... bastante mal.

Para ser honesto, la sola existencia del azúcar me hace creer en un poder superior. Es una locura para mí que algo tan agradable pueda ser al mismo tiempo tan tóxico. Si Dios existe, es imposible que no tenga sentido del humor. Es decir, crear algo tan delicioso y adictivo solo para convertirlo en esencia en un veneno de acción lenta sin ninguna razón real más que su propia diversión... piénsalo. Si Dios no existe, quiero que un científico me explique por qué en el curso de la evolución se decidió que el azúcar iba a ser increíblemente buena y horriblemente mala para nosotros, porque tiene que haber una razón.

Entonces, en resumen, el azúcar es mala. Ningún adulto consciente tiene la ilusión de que el azúcar es buena. Sí, todos la consumimos, pero lo hacemos conscientes de que existen algunos riesgos. Sabemos que no podemos sobrevivir con una dieta que consista principalmente en azúcar. Si ingerimos demasiados ingredientes tóxicos y no suficientes nutrientes saludables, nos enfermamos. Sabiendo que existe un riesgo, la mayoría de nosotros trata de limitar su indulgencia con el azúcar. Aquellos a quienes les resulta más difícil tener esa fuerza de voluntad aún entienden que si quieren un cambio, la autodisciplina es un buen lugar para comenzar. La buena noticia es que es bastante fácil detectar el azúcar: solo lee la etiqueta. El gobierno exige por ley que las empresas nos informen aproximadamente cuánta azúcar estamos consumiendo cuando comemos sus productos.

Por desgracia, los humanos no tienen etiquetas de ingredientes claras. Con las personas es más difícil identificar quién tiene cualidades que son tóxicas y dañinas para nosotros y quién tiene cualidades que nos nutrirán. Por lo general, primero tenemos que morder para determinar en qué categoría cae alguien. Los probamos y prestamos atención a cómo nos sentimos después. ¿Existe un estado relativamente constante en el que nos sintamos bien, o se trata de altibajos extremos de deleite e incomodidad? Si es más de lo último, entonces es posible que esa persona sea un equivalente de las gomitas aciduladas y debes dejar de intentar disfrutarlos o te enfermarás cada vez más.

Entonces, ¿qué hace que alguien sea una gomita acidulada? Las gomitas aciduladas en general se crean de una de dos maneras. La primera es un trauma de su pasado. La segunda y la más común es que tienen habilidades de comunicación de verdad terribles y no respetan los límites. En cualquier escenario, este no es alguien que prometa como pareja potencial. Las situaciones de gomitas aciduladas suelen ser menos comunes a medida que envejecemos y estamos expuestos a diferentes experiencias de vida: para la mayoría de nosotros, esto hace que nos convirtamos en mejores comunicadores.

Pero digamos que tu gomita acidulada está lidiando con un trauma del pasado. Si no has oído hablar de los estilos de apego, te recomiendo investigarlos, pero, esencialmente, las experiencias de nuestro pasado, en especial los traumas de nuestra infancia, pueden afectar la forma en que nos conectamos con las personas y, lo que es más importante, cómo nos desconectamos. En general, incluso si tenemos defectos, podemos conectarnos con las personas e incluso forjar vínculos profundos y significativos. Para algunos, sin embargo, su trauma les impide conectarse con alguien en absoluto. Los ejemplos más extremos serían alguien con un trastorno de personalidad narcisista, aunque la mayoría de las personas no son verdaderos narcisistas, solo tienen problemas serios que deben superar. Pero para superarlos se requiere tiempo y ayuda que no puede provenir de una pareja romántica. Solo un terapeuta puede ayudar a alguien a superar cualquier trastorno de apego que pueda tener, y supongo que la mayoría de los que están leyendo esto no es terapeuta… yo tampoco. (Recuerda esto cada vez que hablo de problemas psicológicos graves en este libro).

Tan solo vamos a tener que aceptar que, hasta que tenga lugar esa terapia, esta persona será tan tóxica para nosotros como lo son las gomitas aciduladas. Simplemente continuarán enfermándonos, entristeciéndonos y haciéndonos sentir poco saludables. Es poco probable que una gomita acidulada de este tipo se convierta por arte de magia en brócoli sin una gran cantidad de trabajo, y tu tiempo es demasiado valioso para nada más esperar un milagro. La conclusión con cualquier gomita acidulada es que, por mucho que esta persona sea de verdad agradable al principio, si quieres sentirte saludable tendrás que encontrar la fuerza de voluntad para ser honesto y, tal vez, comenzar a buscar personas que nutran tu corazón.

En caso de que te lo estés preguntando, la hermana al fin pudo dejar de entregarse a lo que la enfermaba. No sucedió de la noche a la mañana. Una vez que escuchó mi teoría de las gomitas aciduladas, por fin comenzó a aceptar que su problema era él, pero eso no siempre hace que sea fácil para nosotros renunciar de repente a nuestro dulce favorito. Odio cómo me hace sentir comer demasiadas gomitas aciduladas, pero maldita fuerza de voluntad, de vez en cuando digo: «A la mierda». A ella también le llevó algo de tiempo. Y claro, los antojos se volvieron intensos a veces, pero una vez que comenzó a sentirse mejor, se volvió más fácil decir que no, porque el alivio de sentirse siempre bien comenzó a tener una atracción más fuerte sobre ella que la gratificación instantánea de ese atracón de dulces.

¿ES POSIBLE TRANSFORMAR UN CASI ALGO EN UNA RELACIÓN?

Creo que es muy importante comenzar esta sección recordándote que la mayoría de los casi algo no terminará como una relación. En general, termina tan pronto como alguien comienza a imponer límites. Sin embargo, en muy raras ocasiones es posible que te encuentres en una situación con alguien que es un poco lento para darse cuenta de que vale la pena la inversión y que solo necesita un pequeño empujón, un poco de inspiración para salir de su propio camino. ¿Cómo saber si tu casi algo es de ese tipo? El primer paso es dejar de cometer los dos errores principales que suelen cometer las personas en casi algo de larga duración.

Error 1: Fingir hasta conseguirlo

Hay muchos puntos en la vida en los que creo con firmeza en fingir hasta lograrlo, excepto cuando se trata de los casi algo; en ese caso, es un gran error. Muchas personas que quieren que un casi algo se convierta en una relación real a menudo intentan crear tantos momentos como sean posibles que las hagan sentir como en una relación real con la esperanza de que la otra persona algún día se dé cuenta de lo grandiosas que son las cosas y se comprometa. (No puedo ni decirte cuántas preguntas recibo que dicen algo como: «Dicen que no pueden tener una relación conmigo, pero actúan como si lo hicieran todo el tiempo». Por lo general, no actúan como si tuvieran una relación contigo, simplemente no les importa cenar contigo con regularidad o ir de compras, porque ¿quién quiere hacer esas cosas solo?).

La verdad es que actuar como si estuvieras en una relación cuando estás en un casi algo solo disminuye las posibilidades de que las cosas cambien. Todo lo que estás haciendo es mostrarles cuánto estás dispuesto a hacer por ellos sin que cumplan con ninguna de las expectativas de una relación. Apuesto a que si les llamaras la atención por hacer lo que tú consideras «cosas de una relación real», se ofrecerían a dejar de hacerlo y te recordarían que han dicho que no pueden tener una relación por el momento.

Error 2: Sacarte del mercado

Por alguna razón, es muy común que la persona del lado esperanzado del casi algo simplemente deje de salir con más gente aunque la otra persona haya dejado en claro que no será exclusiva con ella. He sido esa persona en el pasado y he cometido este mismo error. No tiene sentido que muchos de nosotros, que queríamos más de alguien, hayamos decidido dejarle claro que vamos a aceptar menos. Supongo que el proceso de pensamiento es «les estamos dando a entender que vamos en serio y lo mucho que significan para nosotros».

Excepto que eso nunca funciona. No funciona porque todo lo que en realidad estás diciendo es: «Tómate tu tiempo, no iré a ninguna parte. Ve a buscar algo mejor y yo esperaré, en caso de que cambies de opinión». Pero recuerda que un casi algo no es una relación, y si no es una relación, entonces estás soltero. Repito, ¡¡soltero!! Y si estás soltero, al menos deberías dar la apariencia de que todavía estás disponible para conocer a otras personas.

Por otro lado, algunos individuos en un casi algo pueden salir con más gente, pero tal vez traten de manera activa de ocultárselo a la persona con la que tienen un casi algo por temor a que se moleste y se vaya. Esto simplemente no es inteligente por un par de razones: uno, estás desperdiciando la oportunidad de dejar que descubran de modo casual que eres muy deseado por muchas otras personas; y dos, estás siendo deshonesto con alguien con quien esperas entablar una relación real.

Así que no finjas más para conseguirlo, sigue adelante y ponte de nuevo en el mercado de las citas, o sé honesto al respecto.

Ahora, puedes usar mi truco de casi algo paso a paso para convertir tu casi algo en una relación y, de nuevo, esto solo funciona si estás en un casi algo con alguien que solo necesita un pequeño empujón.

Antes de darte este tutorial, hablemos de la idea de jugar. Sin importar lo que diga, algunos de ustedes leerán lo que viene a continuación y pensarán: «Hum, eso suena a jugar y yo no juego». Si estoy haciendo mi trabajo con este libro, entonces espero sonar ya como alguien que no promueve los juegos con las citas, pero la realidad es que todos lo hacemos, de vez en cuando, con nosotros mismos. Los juegos se juegan cuando mientes o evitas la verdad sobre tus intenciones. Entonces, todos jugamos con nosotros mismos porque todos tenemos egos que constantemente buscan validación o evitan enfrentar las verdades.

Piensa en todas esas pequeñas mentiras que nos gusta decirnos a nosotros mismos en situaciones difíciles: cuando aceptamos solo un encuentro más; cuando nos decimos que hacemos algo porque solo queremos sexo; o que no estaremos tristes o molestos cuando no nos llamen al día siguiente. Esos son los juegos que jugamos con nosotros mismos.

Mientras escribo esto, estoy debatiendo con mi editor cuál debería ser el título de este libro, y tal vez podrías argumentar que debería ser algo así como *Los juegos que no deberíamos jugar con nosotros mismos*. Así que no, no estoy promocionando los juegos, pero si nos atenemos a la realidad, no se acaba en un casi algo sin jugar contigo mismo e intentar convencerte de que estás bien aceptando constantemente menos. Entonces, lo que estoy a punto de decirte podría llamarse juego, pero en realidad solo serás honesto con la persona con la que tienes un casi algo.

Así que aquí vamos: si te encuentras en un casi algo y quieres ver si puedes hacer la transición a una relación, sigue estos pasos:

1. Asegúrate de haber intentado primero comunicarte con claridad y definir la relación con la persona con la que tienes un casi algo.

2. Si dice que no quiere una relación y has decidido pasar tiempo con él o ella o tratar de hacerlo cambiar de opinión, hazlo con la mentalidad y la apariencia de que todavía estás completamente soltero. Asegúrate de seguir en las aplicaciones y de que tus mensajes privados estén abiertos y que el mundo te vea como soltero. No estoy sugiriendo que intentes con desesperación tener muchas citas, tan solo digo que debes seguir adelante con la idea de que todavía estás disponible.

3. En algún momento, ten algunas citas con otras personas. Incluso si solo puedes pensar en cuánto te gustaría que fuera una cita con tu casi algo, desafíate a ti mismo a salir de vez en cuando. No me importa si es solo un café, una cita en Zoom o una caminata, solo hazlo. En primer lugar, cuantas más citas tengas, más aumentan las posibilidades de conocer a alguien más que te guste. Y segundo, en algún momento tu casi algo puede buscarte y preguntar qué estás haciendo cuando estés a punto de tener una cita. Cuando eso sucede, los siguientes pasos son muy importantes.

4. ¡No canceles por ningún motivo una cita para pasar el rato con tu casi algo! No me importa lo que te pidan que hagas o lo poco emocionado que estés por la cita. ¡NO CANCELES!

5. Si tu casi algo te pregunta qué estás haciendo cuando estás a punto de tener una cita, ¡díselo! «Me estoy preparando para una cita». Eso es todo lo que debes decir. No des más información. Lo que quieres es que se pregunte, que se sorprenda de lo preocupado que se está poniendo. Es probable que trate de actuar como

si no le importara. Podría decir algo como: «Ah, qué bien». Entonces probablemente te preguntará con quién es la cita. No respondas. En primer lugar, no es asunto de él. En segundo, estás ocupado preparándote para tu cita. O puede que te mande un «?» por mensaje de texto o algo así. Después de un rato, puedes responder con algo así: «Lo siento, tengo un poco de prisa». De nuevo, quieres provocar su curiosidad. Si llama, no contestes.

Tu casi algo puede seguir investigando con quién es la cita, y probablemente incluso te acuse de evitar la pregunta, o algo por el estilo. En ese caso, responde solo con su primer nombre: «Su nombre es Josh». «Su nombre es Sasha». Esto hará que se sienta más real para él. No ofrezcas más información. Si pregunta, espera un poco más y luego simplemente escribe algo como: «Lo siento, tengo que irme. ¿Podemos hablar mañana?». Pase lo que pase, no le respondas por el resto de la noche; después de todo, estás en una cita y deberías concentrarte en Josh o Sasha.

6. Deja que te siga, no al revés. No te disculpes en ningún momento. No ofrezcas ninguna información sobre la cita, independientemente de cómo transcurra. No es necesario que lo exageres, y ciertamente no le hagas saber si no te divertiste. Una vez más, no es asunto de él o ella.
7. Si muestra frustración, ¡no actúes a la defensiva! Solo deberías decir que estás confundido porque ya le has dejado claro que lo quieres, pero él o ella no te quiere a ti. Es posible que intente hacerte sentir mal o justificar su frustración. Simplemente mantén la calma y recuérdale que ambos son solteros, y si está interesado en cambiar eso, que te lo diga.

Ahí lo tienes. Eso es todo lo que tienes que hacer. Si esto no funciona, recuerda que nunca lo hará, y ya estás muchos pasos más cerca de encontrar a alguien que te dé lo que quieres y lo que mereces.

Ahora, también podrías estar pensando: «¡Nick! No hay forma de que esto funcione. Si hiciera eso, se aburrirían y todo se arruinaría». A lo que yo diría que no arruinaste nada, acabas de recibir una respuesta que has estado tratando de evitar. Si esto pone fin a tu casi algo, o no parece importarle a la otra persona, entonces todo lo que arruinaste fue la capacidad de una persona para alimentar su propio ego haciendo que alguien más se siente a esperarlo. No arruinaste tus posibilidades, ya que probablemente se trataba de alguien que no pensaba comprometerse contigo de la manera en que querías.

Cuando se trata de casi algo, también quiero que pienses en esto último. Estoy seguro de que todos han visto la película o leído el libro *A él no le gustas tanto.* Me han dicho que mucho de lo que digo es similar a lo que ahí se dice. La gran lección es darte cuenta de que no eres la excepción a la regla, que todos quieren creer que son la persona con la que quieren estar, pero en realidad no lo son.

Creo que hay mucho de verdad en eso, pero no creo que esa idea sea tan útil cuando estás entusiasmado con alguien. Creo que lo más importante es ser honesto cuando intentas ser la excepción a la regla. No hay nada de malo en correr riesgos y ser vulnerable en una situación que puede no funcionar como esperas, simplemente no te mientas a ti mismo sobre lo que estás tratando de hacer. Sé honesto acerca de lo que quieres y realista acerca de los riesgos y el esfuerzo que requerirá tratar de conseguirlo.

Pregúntale a Nick

P:

Conocí a un chico y conectamos en muchos aspectos, pero en especial sexualmente. ¿Debería preocuparme que solo esté conmigo por eso?

R:

Dile cómo te sientes... literalmente, no tiene pierde. Si eso lo asusta, él no quería salir contigo de cualquier modo. Si te preocupa asustarlo, entonces tal vez estés de acuerdo con solo acostarte con él y te estás juzgando a ti misma. Si estás preocupada de que te mienta y desaparezca... dile después de que expreses tu deseo de tener una cita que, si se desaparece, te volverás completamente loca... pero aparte de eso, todo tranquilo. Será honesto entonces.

P:

Cómo decirle cortésmente a un chico que está realmente interesado en ti que no se haga demasiadas ilusiones.

R:

Cuando le dices a alguien que no se haga ilusiones estás insinuando que hay esperanza. Entonces, si realmente crees que no hay posibilidad, díselo. No sigas saliendo con él cuando estés aburrido o aburrida.

Pregúntale a Nick

P:

¿Está bien ir a una fiesta de Navidad con un chico que acabas de conocer hace dos días?

R:

Claro que está bien, pero baja tus expectativas y procede con precaución. También... diles a tus amigos a dónde vas, en caso de que te asesine.

P:

Me acosté con un chico que conocí en un bar. Ahora quiere salir conmigo. ¿Simplemente es agradable o quiere algo más?

R:

Los chicos no son tan agradables. Seguramente quiere conocerte.

P:

Quiero una relación, pero él solo quiere sexo... ¿Qué debo hacer?

R:

Comprométete con lo que quieres que él se comprometa. Hazle saber que tu deseo de tener una relación es una prioridad mayor que la suya.

Pregúntale a Nick

P:

¿Cómo atraes a más chicos decentes y menos patanes?

R:

¿Sabías que nuestro cerebro requiere estimulación? Como resultado, nuestro cerebro prefiere el dolor al aburrimiento. Cuando se trata de citas, nos sentimos solos, impacientes y aburridos. Por eso decimos que sí a las cosas que nos estimulan, incluso cuando es solo dolor. Si sigues diciendo que sí al aburrimiento, es muy probable que no estés disponible cuando surja algo bueno.

P:

Hay un chico que quiere salir conmigo, pero es un jugador. ¿Será mejor ser amigos o arriesgarme?

R:

Decidas lo que decidas, debes saber que no lo cambiarás. La persona que quieres imaginar en él no existe.

P:

Me dijo que quería una relación cuando nos conocimos. Salimos todo el tiempo, pero él todavía no se ha comprometido y ya pasaron seis meses. ¿Qué pasa?

R:

Un fuckboy bien intencionado sigue siendo un fuckboy.

Pregúntale a Nick

P:

¿Por qué los hombres les dicen cosas a las mujeres solo porque las mujeres quieren escucharlas?

R:

Porque quieren gratificación a corto plazo.

P:

¿Qué opinas de un hombre de 30 años que se desapareció de pronto, pero que el día previo a hacerme *ghosting* me dijo que quería tener hijos conmigo?, ja, ja, ja.

R:

Cree en las acciones, no en las palabras.

P:

Un chico que he estado viendo desaparece y regresa. ¿Qué diablos está pasando?

R:

Posibilidades:

- Es un mago
- Es un X-Men
- Es un hechicero
- Es un fantasma
- Solo es un CHICO inmaduro

Pregúntale a Nick

P:

Conozco a un chico que solo quiere sexo. Le dije que es mejor ser solo amigos. Todavía me envía mensajes. ¿Por qué?

R:

Espera a que te aburras y cambies de opinión.

P:

¿Qué piensas de buscar a un tipo que se ha hecho el desaparecido durante las últimas dos semanas?

R:

Si quisiera que lo encontraran, no desaparecería.

P:

Me acosté con un chico después de dos días de conocerlo. Estaba muy interesado y parece que ahora ya no.

R:

Le interesaba descubrir cómo sería tener sexo contigo. Ahora ya lo sabe.

Pregúntale a Nick

P:

¿Cómo superar a un chico que sabes que no es bueno para ti, pero que aun así te gusta?

R:

Hice este cuadro para ayudar a poner las cosas en perspectiva:

	Persona que sé que no es buena para mí, pero no puedo superar	Gomitas aciduladas
Me emociona el simple hecho de pensar en ellos	X	X
Es difícil consumirlos con moderación	X	X
Sé que son malos para mí y cuando consumo demasiados, termino sintiéndome mal	X	X
Ignoro lo mal que me hicieron sentir y vuelvo a consumirlos	X	X
Trato de olvidarme de ellos... pero cuando me aburro o tengo hambre, ahí están de nuevo	X	X
Nunca podrán darme los nutrientes que necesito para sentirme bien	X	X

Cuando aceptes que no puedes vivir de gomitas aciduladas, seguirás adelante.

Pregúntale a Nick

P:

¿Sexo con tu ex...?

R:

Esto es exactamente lo mismo que seleccionar una dieta de solo gomitas aciduladas como la solución para sentirse mejor físicamente. Genial en el momento... seguido de arrepentimiento inmediato y sentirse podrido por dentro.

P:

Dejó de enviarme mensajes todos los días, así que lo eliminé y ahora me arrepiento.

R:

Solo te arrepientes porque eso no hizo que él te persiguiera. Ahora estás dudando de ti misma y preguntándote si una acción diferente habría funcionado. Hiciste lo correcto, incluso si no obtuviste el resultado que querías.

P:

¿Los chicos alguna vez salen de la fase de fuckboy?

R:

Sí, pero nunca se siente así porque los fuckboys rara vez, si es que alguna vez, cambian por las personas con las que están siendo fuckboys. Cambian por las personas a las que quieren hacer su prioridad, no por aquellas que se permiten ser opciones.

Pregúntale a Nick

P:

¿Por qué los fuckboys siempre regresan cuando dejas de esforzarte e igualas su energía?

R:

Los fuckboys no responden al amor y al afecto. Responden a los desafíos.

P:

¿Por qué los chicos solo quieren tener sexo conmigo y luego desaparecen cuando parece que podría surgir una relación?

R:

Porque estás teniendo sexo con chicos que no buscan una relación. Si deseas evitar eso, debes ser sincera con las expectativas sobre el sexo y el deseo de una relación antes de tener relaciones sexuales con ellos. Esto no resolverá completamente el problema, pero filtrará muchas malas opciones. Confía en tu instinto; por lo general, no falla.

P:

Un tipo me dice que no quiere pareja, pero hace cosas de pareja. ¿Qué es lo que realmente quiere?

R:

Seguir contigo mientras tiene la libertad de explorar otras opciones. Además, la libertad de tener sexo con otras mujeres cuando se presente la oportunidad.

Pregúntale a Nick

P:

¿Es malo cuando un chico te dice que le recuerdes que tenían planes para salir?

R:

Lo es si quieres ser una prioridad.

P:

¿Cómo encontrar chicos en aplicaciones de citas que no busquen solo sexo?

R:

Siempre hay que cavar en la tierra para encontrar oro.

P:

¿Debo darle a un chico la oportunidad de cambiar incluso si sé que no lo hará?

R:

¿Cuánto tiempo esperarías para obtener el poder de teletransportarte antes de reservar un vuelo?

Pregúntale a Nick

P:

¿Por qué estoy obsesionado con alguien con quien nunca salí formalmente?

R:

Porque tienes una versión de él en tu cabeza. Lo que no sabes de él lo llenas con tu imaginación, dándole los mejores atributos que deseas. Deja de fantasear, empieza a vivir.

P:

Dice que realmente le gusto y lo que aporto a su vida. Dice que lo está intentando, pero que no está listo. ¡Ayuda!

R:

Eres una opción que está considerando. Lo único que está intentando es ponerte a prueba.

CAPÍTULO 3

Da el primer paso

Primero, solo quiero recordarte que no soy un experto en ligue. Este capítulo no trata sobre cómo convencer o engañar a alguien para gustarle; este libro consta solo de algunos consejos honestos y básicos sobre qué hacer y qué no hacer para conocer a alguien, invitar a salir a esa persona que consideras un amigo o contactarlos en línea. En segundo lugar, ayuda recordar que todo el mundo puede ponerse nervioso, aun las personas que encuentras atractivas. Incluso gente muy atractiva. Considera el hecho de que cuanto más tradicionalmente atractivo es alguien, más probable es que hayan coqueteado con él o ella. Cuanto más coquetean con alguien, a menudo más sensible es al rechazo: cuanto más grande es el ego, más dura es la caída. La mayoría de las veces las personas muy atractivas se ponen muy nerviosas cuando se trata de dar el primer paso. Esta lógica es más aplicable cuando se trata de coquetear con alguien en persona, pero el punto sigue siendo válido: no puedes asumir que solo porque piensas que una persona es muy atractiva, automáticamente tendrá la confianza de acercarse a ti primero si está interesada.

De todas las preguntas que surgen cuando se trata de hablar sobre quién debe dar el primer paso, el hombre versus la mujer sigue siendo una forma muy común de enmarcar esto. Las reglas de citas tradicionales sugieren que el papel del hombre es dar el primer paso. El estereotipo común solía ser que los varones prefieren perseguir, mientras que las mujeres prefieren ser perseguidas. No he realizado ningún estudio científico sobre qué tan común es este estereotipo en el mundo moderno de las citas, pero por lo que he escuchado al hablar con tanta gente sobre el tema, persiste.

Ciertamente, hay muchas mujeres dispuestas a dar el primer paso con un hombre que les interesa, pero he hablado con algunas que todavía tienen una regla personal extremadamente estricta y se niegan a hacerlo, a menudo argumentando que la acción dice algo sobre el hombre, o sobre ellas mismas, o sobre el potencial para que la relación tenga éxito. No es así: mi propia novia dio el primer paso conmigo. La única cosa que dice la regla sobre nunca hacer el primer movimiento es que la persona con dicha regla probablemente confunde cosas que deberían ser molestas con cosas que no son negociables. Además de que probablemente son difíciles, particulares o quisquillosas.

Si bien hay mujeres que tienen miedo de acercarse a los hombres por lo que creen que ellos pensarán, bueno, déjame aclararte algo: a los hombres no les importa si las mujeres dan el primer paso. Y si lo hacen, que sea una señal de alerta de que lo más probable es que te hayas encontrado con un hombre con mucha energía masculina tóxica. Si un hombre se siente molesto por haber sido abordado por una mujer, es seguro que tiene otros problemas.

El resultado final de tener una regla sobre quién da el primer paso, o no darlo porque tienes miedo, es que limitas tus opciones. Cuantas más personas conozcas, más posibilidades tendrás de conocer a la persona que estás buscando. Entonces, si hay una persona que te interesa y quieres entablar una conversación, atrévete, porque nunca se sabe cuándo se cerrará esa oportunidad.

ACERCARSE A ALGUIEN EN PÚBLICO

Con la explosión de las redes sociales y las aplicaciones de citas, coquetear con alguien nunca ha sido tan fácil, en parte porque nunca ha sido tan sencillo evitar sentirse rechazado. Cuando le enviamos un mensaje directo alguien o enviamos un mensaje en una aplicación de citas, es bastante fácil que el destinatario simplemente no responda, y es aún más fácil decirnos a nosotros mismos que la persona que no nos respondió ni siquiera vio nuestro mensaje. Salidas fáciles para ambos lados.

No es así en absoluto si encuentras el coraje de acercarte a un extraño en público. Con todas las incógnitas, es probable que terminemos decepcionados si nos acercamos a alguien en la vida real. De seguro no son solteros, no soy su tipo, no están de humor para hablar con un extraño, pueden estar en medio de una crisis personal… la lista es larga. Si crees que estoy tratando de asustarte para que nunca más coquetees con un extraño en público, no es así. En definitiva, creo que esto tiene su lugar, y en lo personal, creo que el mundo sería mejor si sucediera más a menudo, pero muchos de nosotros tenemos la mentalidad equivocada.

Y muchas personas sienten lo mismo, lo escucho todo el tiempo: «¿Cómo puedo conocer gente que no esté en las aplicaciones de citas, aparte de volverme de verdad bueno acercándome a desconocidos y lidiando con un montón de rechazos?».

Es difícil exponerse y hacerle saber a alguien que estás interesado en conocerlo, solo para descubrir de inmediato que no está interesado en conocerte a ti. Esa es verdadera vulnerabilidad, y no es fácil para nuestros egos ser rechazados. (Lamentablemente, esto es más cierto con algunos hombres que pueden volverse malos con mayor rapidez con las mujeres que los rechazan). Pero cuando sacas de balance a un extraño de esa manera hay una buena posibilidad de que esté en guardia, sobre todo si es una mujer.

(Para los hombres heterosexuales que leen este libro, el hecho de que estés leyendo esto sugiere que eres uno de los buenos. En cualquier caso, si te tomas el tiempo de hablar con una amiga o hermana y preguntarle si alguna vez ha tenido una experiencia con un hombre que la haya hecho sentir incómoda o insegura durante este tipo de interacción, el cien por ciento de ellas tendrá algún tipo de historia que justifica por qué, cuando se les acerca un hombre que no conocen, están con la guardia en alto… al menos un poco).

Entonces, ¿cómo nos acercamos a las personas en público mientras protegemos nuestra vulnerabilidad y la de ellas? La respuesta es cambiar tu narrativa y tu perspectiva. El error que comete la gente es pensar que merece alguna recompensa por tener las agallas de ser vulnerable. Esa expectativa generalmente viene en forma de algún tipo de validación de la persona a la que se acerca, y cuando esa validación no tiene lugar, las cosas pueden volverse tóxicas rápidamente.

En cambio, prueba acercarte a un extraño con gratitud en mente. Como dije en la introducción, he llegado a pensar en la gratitud como el único sentimiento que no puede volverse tóxico, cuando en realidad no esperas nada a cambio. Cuando le haces un cumplido a alguien esperando solo gratitud, todos tienen la oportunidad de irse felices. Todo el mundo ama un cumplido sincero que no viene con ataduras. Entonces, en lugar de acercarte a alguien, comentar su apariencia e inmediatamente invitarlo a salir, tal vez puedas intentar presentarte y darle un cumplido sin connotación sexual.

Esta idea se me ocurrió cuando comencé a ver muchos tiktoks en los que aparecían mujeres y hombres que hablaban de sus manías cuando se trata de coquetear en público. Una mujer dijo: «Oigan, chicos, ¿pueden dejar de acercarse a las mujeres?». Ella estaba diciendo que odia que un chico se le acerque en público. Y luego vi a hombres que respondían: «Escuchen, mujeres, nunca más les coquetearemos porque no queremos que nos llamen acosadores». Y luego otras mujeres tomaron la posición opuesta y decían cosas como: «Por favor, acérquense a hablarnos porque queremos conocer a alguien».

Y yo solo puedo sentarme y pensar: «Bueno, eso no es sostenible. ¿Cómo podemos superarlo?». En esta época en la que estamos tratando de ser más conscientes de nosotros mismos e identificar malos comportamientos en cuanto a citas, relaciones, hombres, mujeres, etcétera, etcétera, ¿cómo seguimos estableciendo conexiones? Así que pasé un tiempo pensando en cómo podemos acercarnos en público y hacer que sea una experiencia positiva para ambas partes. Decidí adoptar el enfoque de la gratitud. ¿Qué pasa si le dices algo amable a alguien y lo felicitas de una manera que cualquiera pueda apreciar y responder, nada sobre su apariencia o su cuerpo? Tal vez solo digas: «Oye, gracias por alegrarme el día con esa sonrisa amable».

«Hola, soy Nick, solo quería decirte que encontrarme contigo me alegró el día. Espero que disfrutes el resto del tuyo» tiene muchas más posibilidades de no hacer que alguien se sienta herido que si dices algo como: «Hola, solo quería decirte que eres hermosa. Me encantaría llevarte a cenar».

Cuanto más puedas hacer que las primeras palabras que salen de tu boca se sientan como un cumplido y no como una solicitud, es más probable que ambos puedan dejar esa interacción con una sensación positiva, incluso si el interés no es mutuo.

Si la otra persona te rechaza por completo puedes pensar para ti mismo: «Lo único que estaba tratando de hacer era alegrarle el día a alguien». No tienes que sentirte rechazado, puedes cambiar tu narrativa. Quizá sea una idea un poco cursi, pero creo que cuanto más puedas ponerte en ese espacio mental, menos desanimado te sentirás.

Si vas a acercarte a un extraño para decirle algo, es probable que tengas muy poca información sobre él o ella, así que tienes que estar preparado para cualquier cosa. Y el rechazo es horrible. Después de reunir toda esta energía y coraje para ligar con alguien, a menudo pensamos de manera inconsciente que la otra persona nos debe algo, incluso si es solo cortesía, incluso si es solo consideración. Y la verdad es que no nos deben nada. Si, en cambio, te enfocas en sentirte agradecido por haberle dicho algo amable a otra persona, algo no ofensivo y agradable que podrías decirle literalmente a cualquiera, puedes terminar la interacción sintiéndote mejor contigo mismo sin importar lo que pase. Como no esperas nada a cambio y te enfocaste en hacerles un cumplido, puedes encontrar consuelo en el hecho de que, si bien es posible que no estén interesados o disponibles, probablemente les acabas de alegrar el día.

Y créeme, si esa persona está interesada en ti, estoy bastante seguro de que dejará en claro que no le importa que te acerques a ella, no tendrá prisa por abandonar la interacción y no te ignorará. Podría detenerse y decir: «¿Cuál es tu nombre?», tal vez sonreír y hacer una pausa. Si realmente estás agradecido por la oportunidad de hacer que otra persona se sienta bien, eso ayuda a poner las cosas en perspectiva y sentir menos miedo. Y, de vez en cuando, si es la persona indicada, podría conducir a algo más.

CÓMO COQUETEAR

Hay algunas personas, un pequeño porcentaje, que tienen el don de ser increíblemente encantadoras todo el tiempo… y luego estamos el resto de nosotros. No soy un artista del ligue con una lista de las diez principales formas de coquetear con alguien, pero creo que mucho depende tan solo de mostrar interés: hacer contacto visual, realizar preguntas y preguntas de seguimiento, eso es todo lo que en realidad necesitas hacer. En el contexto correcto, esas cosas simples y en apariencia obvias se sentirán como coquetear. ¡Estás coqueteando! Porque la otra persona ahora está pensando: «Vaya, estás interesado en mí».

Hace años estaba en una fiesta y vi a una hermosa mujer al otro lado de la sala jugando juegos de fiesta. Se dio la vuelta, comenzó a hacerme preguntas y luego dijo: «¿Quieres jugar con nosotros?». Ambos debíamos tener veintitantos o treinta y tantos años, y en ese momento no se sintió diferente a cuando nos reuníamos en una fiesta de la secundaria, solo dijo: «Oye, ¿cómo te va? ¿De dónde eres? ¿Quieres unirte a nosotros?», y siguió preguntándome más cosas sobre mí.

No estaba haciendo ninguna locura para hacerme saber que estaba interesada, ya sabes, solo estaba haciendo preguntas, me estaba invitando a seguir hablando con ella; enfocó su energía en mí, y creo que eso es realmente todo lo que necesitas hacer. Si estás mostrando interés en alguien y no tienes miedo de un poco de rechazo, creo que eso es todo. Cuanto más miedo tengas a la decepción, más nervioso te pondrás y más incómodo será. Nadie ha herido los sentimientos de otra persona siendo cortés y haciéndoles una pregunta simple o haciéndoles un cumplido que no se base en la apariencia física.

Puede que eso no te ayude a conquistar a un desconocido en cualquier situación, pero existen otros libros para eso.

ENVIAR MENSAJES DIRECTOS

Enviar con éxito mensajes directos a alguien tiene más que ver con conocer las limitaciones y manejar las expectativas. Con las redes sociales tenemos un acceso increíble a casi cualquier persona en el mundo. Antes de las redes tenías que esperar un encuentro casual con un extraño en la tienda para presentarte. Ahora solo tienes que buscar a alguien que te guste en Facebook o Instagram o cualquier aplicación y enviarle un mensaje. Tenemos un acceso increíble con muy poca información real sobre lo que le gusta a alguien, y ese acceso viene acompañado de mucho ruido, competencia y escepticismo. Debemos permanecer cautelosamente optimistas.

Las redes sociales son una herramienta, y la mejor manera de usar cualquier herramienta es para el propósito previsto. Las herramientas también tienen limitaciones. Cuanto mejor las entendamos, con mayor eficacia se pueden utilizar para satisfacer nuestras necesidades. Facebook e Instagram son las mejores plataformas para enviar mensajes directos a personas en las que podemos tener un interés romántico. Estas son plataformas visuales. Cuando te conectas con alguien en una plataforma visual, querrán ver cómo te ves. Es posible aprender otras cosas sobre alguien en función de lo que comparte, pero aun así solo proporcionan parte de la historia, y la verdad es que la atracción es importante.

Así que ahora entendemos que cuando enviamos mensajes directos estamos usando las redes sociales como una herramienta para hacer el trabajo: el trabajo es presentarnos a alguien por primera vez. Puedo usar un destornillador para clavar un clavo, pero preferiría usar un martillo para hacerlo. Entonces, ¿cómo usamos este martillo correctamente? Bueno, no existe una manera perfecta de usar las redes sociales para conocer a alguien, hay demasiadas variables e incógnitas, por lo que no puede haber una manera perfecta. Sin embargo, hay algunas cosas simples que se deben y no se deben hacer y que nos permitirán usar esta herramienta de manera más efectiva.

1 Asegúrate de que tu perfil sea público

Si vas a operar en un entorno donde las personas esperan poder usar sus ojos, entonces es mejor que te asegures de que las personas puedan ver cómo te ves y quién eres. Te estás presentando por primera vez, y la otra persona querrá medir su atracción física hacia ti más que cualquier otra cosa porque esa es la información en la que más se puede confiar en una plataforma de redes sociales.

Me sorprende cuántas personas envían mensajes con su perfil en privado y simplemente mandan algún tipo de nota. Es decir, ¿qué tan ingenioso crees que eres para escribir algo y obtener una respuesta sin que la otra persona tenga la menor idea de cómo te ves? La mayoría solo dice «Hola» de cualquier modo. E incluso para aquellos de ustedes que intentan hacer un intento inteligente, es probable que tampoco sean Casanovas. No pienses ni por un segundo que tu diminuta miniatura en su perfil está haciendo el trabajo. Si por alguna razón no puedes hacer pública tu cuenta porque hay ciertos aspectos de tu vida privada que no quieres que salgan a la luz en tu trabajo, entonces es mejor que envíes una foto o dos en ese mensaje. Lo cual, para ser honesto, se va a ver sospechoso. Si no te sientes cómodo con un perfil público, es posible que enviar mensajes a alguien por redes sociales realmente no sea para ti. Las personas quieren tanta información como sea posible para hacerles saber que es seguro y que vale la pena dedicar tiempo a responder. Pónselos fácil y deja que te vean.

Mi novia actual, Natalie, y yo nos conocimos de ese modo. A riesgo de sonar superficial, Natalie me pareció increíblemente hermosa, y eso despertó mi curiosidad de inmediato. Pero si su Instagram hubiera sido privado, habría mirado su diminuta foto de perfil y habría pensado: «Esta chica parece que podría ser realmente atractiva, pero no estoy seguro porque es una foto superpequeña, y como no puedo ver su *feed*, ni siquiera puedo saber si es real», así que definitivamente la habría ignorado.

2 Asegúrate de que tu perfil incluya una foto tuya

Tal vez tengas un Instagram que realmente no se trata de ti, sino de tu perro y tu afición a la carpintería. Eso es genial, pero entonces nadie va a saber cómo te ves, así que tal vez no envíes mensajes si solo tienes un montón de pugs y campanas de viento por todo tu Instagram.

Digamos que no incluyes fotos tuyas porque tienes algunas inseguridades (muy probablemente infundadas) sobre tu apariencia. Bueno, si quieres tener una relación y conocer a alguien, en algún momento tendrás que exponerte y arriesgarte a la decepción. Ya sea una aplicación de citas, una serie de fotos de Instagram o conocer a un extraño en una fiesta, un bar o una biblioteca, en algún momento tendrás que mostrar tu rostro y, sí, es posible que te rechacen. Nunca seré Chris Hemsworth, pero puedo cuidarme física y mentalmente y preguntarles a mis amigos qué me queda bien en cuanto a estilo. También puedes hablar con tu amigo que es muy bueno en las redes sociales y pedirle que te tome un par de buenas fotos. Debes recordar que todos se sienten atraídos por cosas diferentes, y el hecho de que alguien no se sienta atraído por ti no es un juicio de tu valor.

3 Nunca asumas nada de la persona en el primer mensaje

A nadie le gusta que le digan quién es o qué tan predecible es, sobre todo si se trata de extraños o personas que apenas conoce. Por lo tanto, asegúrate de no comenzar con cosas como: «Creo que haríamos buena pareja» o «Apuesto a que nos divertiríamos mucho». Siempre es mejor hacer que las personas sientan que sientes curiosidad por ellas, que quieres saber más, quieren saber que las encuentras interesantes e intrigantes. Es fácil querer estar en desacuerdo con alguien que está suponiendo quiénes somos. Cuando dices: «Creo que nos llevaríamos bien», a veces puede hacer que la otra persona piense: «Bueno, no creo que lo hagamos».

4 Empieza con una pregunta

A veces las personas no responden porque no están seguras de cómo hacerlo. Las preguntas simples son fáciles de responder y nos encanta compartir nuestras respuestas con cualquiera que quiera escuchar. Dado que todo lo que en realidad queremos cuando enviamos un mensaje a alguien es que nos responda, haz que sea muy fácil para ellos con una pregunta realmente simple: «¿Qué cafetería es esa?». «¿Dónde es esa ruta de senderismo?». «¿Cuál es tu pizzería favorita?». Como dije, ya sea dentro o fuera de Instagram, las personas se centrarán principalmente en si piensan que eres lindo o no, así que solo usa una pequeña pregunta como carnada y espera a que caigan. Esta también es una forma de bajo riesgo para que participen en una conversación contigo sin sentir que se están comprometiendo a nada.

5 Usa la información que te proporciona la plataforma

La forma más eficiente de iniciar una conversación es hacer una pregunta específica basada en la información proporcionada en la plataforma que estás utilizando. Encuentra una imagen que hayan publicado y haz una pregunta simple sobre algo en ella. Es una manera muy fácil de enfocarse en ellos. También recomiendo tratar de ser lo más único posible. La buena noticia es que no hace falta mucho para sobresalir cuando la mayoría de la gente no hace el esfuerzo por ser diferente. Así que no hagas preguntas sobre su apariencia. Cuanto menos serio, mejor. «Me preguntaba si esa cafetera viene en rojo». Creo que, si estás coqueteando con las personas adecuadas, sabrán que no estás realmente interesado en la máquina de café y que solo estás bromeando. Si están interesados, responderán. Si no, no lo harán, y sigues adelante.

6 Nunca molestes, critiques o juzgues

Ya no estás en primaria. Las personas tienen demasiadas opciones y demasiado acceso a todos los demás para perder el tiempo con alguien que empieza siendo un imbécil.

7 Tampoco intentes hacer un chiste o ser poético

Si realmente quieres intentar impresionar a alguien con tu sentido del humor o personalidad, no elegiría las redes sociales como la forma de hacerlo. Gran parte del humor es comunicación no verbal; piensa en los comediantes, incluso con los mejores, no es solo lo que dicen, es cómo lo dicen: su lenguaje corporal, su tono, todo. La mayoría de nosotros no es un comediante, y cuando simplemente te acercas a alguien de golpe, las bromas pueden fallar, sobre todo cuando sabes muy poco sobre ellos. Al principio, mantenlo simple, casi no te conocen y no sabes cómo van a leer tu tono. No estoy diciendo que nunca cuentes un chiste, pero es mejor que te asegures de que quede bastante claro que es un chiste y que sea algo que pueda resultar divertido para casi todos.

E incluso si eres un verdadero Robert Frost, aún no puedes escribir un poema en Instagram e impresionar a un montón de gente. Si Natalie, quien ahora sé que es superinteligente, fuera de hecho una poeta laureada y se le hubiera ocurrido una oda para enviar por mensaje privado, habría pensado: «Es un poco extraño que esta chica me escriba un poema realmente elocuente».

8 Tienes derecho a un máximo de dos intentos

Cuando envías un mensaje a alguien siempre existe el temor de que tal vez no lo vea o que lo olvide. Estas son dos posibilidades reales. Con eso en mente, tienes permitido darle seguimiento una vez antes de que comiences a parecer demasiado agresivo o espeluznante. Tu seguimiento debe tener algo que ver con la pregunta simple y tonta que ya hiciste. No tienes que preocuparte de que no tenga sentido alguno porque tu mensaje original estará allí para que lo consulten, todo lo que estás haciendo es mover tu mensaje de regreso a la parte superior de su bandeja de entrada en caso de que estén más dispuestos a responder. Si les preguntaste si su cafetera viene en rojo, entonces tal vez tu segundo mensaje sea «Malas noticias, descubrí que se agotaron las cafeteras rojas. Me encantaría tomar un trago contigo alguna vez». NO envíes un mensaje de seguimiento indicándoles que no te respondieron; no les des ninguna confirmación de que fueron inteligentes al no responder. No hay razón para avergonzarse, alguien de quien no sabes nada, y que no sabe nada de ti, no respondió.

No dejes que la única información que aprendan sobre ti sea que te vuelves malo cuando no obtienes lo que quieres.

De toda esta información me interesa que por lo menos recuerdes esto: mantenlo simple, haz preguntas y no te desanimes si no responden, hay mucha gente por ahí cuyos mensajes privados (y corazones) están abiertos.

ZOOM ES TU AMIGO

Ya sea hablando en las aplicaciones de citas o mandando mensajes directos, las personas pasan demasiado tiempo conversando con completos extraños a través de mensajes de texto. Creo que es una gran pérdida de tiempo, especialmente cuando el COVID-19 nos mostró que hay herramientas y recursos que podemos usar para ayudarnos a filtrar la sobreabundancia de opciones en el mundo de las citas.

Es hasta algo divertido pensar en eso ahora, pero cuando estaba pasando por mi primera ruptura, una de las muchas que tuve con mi primera novia, las aplicaciones de citas y las redes sociales no existían, y los sitios web de citas todavía tenían el estigma de «desesperación». Tampoco podías simplemente buscar a alguien y determinar el estado de su relación haciendo un análisis de sus redes sociales.

En ese momento tenía un miedo legítimo: «¿Cómo voy a encontrar el amor de nuevo?». Pensé en todos los momentos fortuitos, en la suerte que tuve de conocer a esa primera persona. Y recuerdo haber tenido este pensamiento muy específico de que era muy difícil saber quién estaba disponible, quién era soltero. No andaba coqueteando con un grupo de mujeres en los bares, pero tenía ansiedad y estaba nervioso. En ese entonces solían tener reuniones o noches de solteros en los bares. Estoy seguro de que eventos como ese todavía existen hasta cierto punto, pero son menos comunes. En el Día de San Valentín debe de haber eventos pensados como «Vamos a juntar a los solteros, ya sabes, para que todo el mundo sepa que todo el mundo es soltero».

Hace 15 años nos quejábamos de que no había opciones o de que no sabíamos cómo encontrar a alguien. Ahora, la gente todavía tiene las mismas quejas sobre las aplicaciones de citas: no hay opciones o no pueden encontrar a alguien. Pero en realidad es más una parálisis de elección. Puedes usar lo que se siente como un sinfín de aplicaciones de citas y plataformas de redes sociales en cualquier momento. Cualquier noche, en cualquier ciudad, puedes meterte a una aplicación y programar una cita para más tarde esa noche. Puede que no sea con tu persona favorita, puede que la cita no sea perfecta, quizá no sea muy emocionante, pero cualquiera puede hacerlo hoy en día si así lo desea. Y eso nos da una abundancia de elección, una abundancia de opciones.

Lo que eso realmente significa es que debemos mejorar en el filtrado de nuestras opciones. Los algoritmos hacen parte del trabajo por nosotros, pero aún tenemos que hacer el resto. ¿Qué puedes aprender al enviar mensajes de texto a cuatro extraños al mismo tiempo, cada uno con seis imágenes en su plataforma? ¿Cómo sabes qué tipo de sentido del humor tienen o cómo tratan a otras personas? Enviar mensajes de texto a través de aplicaciones de citas puede hacerse eterno sin avanzar realmente. Siempre es como:

> Oye, ¿qué harás esta noche?

> No mucho, solo estoy pasando el rato con mi compañero de cuarto.

> ¿En serio? Deberíamos juntarnos alguna vez.

> ¡Sí!

Y luego tal vez uno de ustedes trata de contar un chiste y la otra persona dice: «Oh, eso fue raro», y luego ya no responde. O la conversación simplemente se desvanece porque no hay mucho de qué hablar con una persona de la que no sabemos casi nada.

Estamos desperdiciando mucha energía siendo indecisos y evasivos sin querer arriesgarnos y realmente dedicarle tiempo a alguien que no conocemos. Hablo con la gente todo el tiempo sobre las citas en línea y las frustraciones son reales. Lo entiendo, hasta cierto punto, porque se necesita mucha energía para ir a otra cita con otro chico, vestirse, perder el tiempo, tener esperanza y luego decepcionarse.

Pero en un mundo cambiado para siempre por la pandemia tenemos nuevas opciones, nuevas formas de conocer gente. Todos tienen Zoom o Facetime o WhatsApp. De la noche a la mañana Zoom se convirtió en una plataforma que todos conocían, ¿verdad? Pasó de ser una plataforma tecnológica que algunas empresas usaban a ser una plataforma que todos, incluso tu abuela, usan.

En Zoom puedes emparejarte con alguien a través de una aplicación de citas y conocerlo con facilidad, y básicamente «en directo», sin gastar dinero ni demasiado tiempo. No tienes mucho que perder y es posible averiguar si tienen química, si hay atracción. También puedes crear un correo electrónico solo para esa cuenta de Zoom si no quieres dar ninguna información personal. Puedes decir: «Oye, hagamos una cita por Zoom esta noche, me encantaría hablar contigo». Así puedes escuchar su voz y verlo y verificar que es una persona real. Puedes conocer el sentido del humor de alguien en una videollamada y pueden hablar por cinco, 10 o 20 minutos, lo que quieras, o tal vez se convierta en una conversación de cuatro horas. Y en cualquier momento, si no va bien, puedes terminarlo, no tienes que pedir la cuenta ni conducir a casa, y tampoco es necesario que sigan teniendo acceso a ti después de eso. Es toda la labor de reconocimiento sin nada de compromiso.

Y es mucho más fácil ser encantador cuando tienes más compenetración con alguien. Así que ya sabes, enviando un mensaje directo a un completo extraño no tendrás una buena conexión. Después de 10 minutos en una llamada de Zoom no habrá mucha conexión tampoco, pero tendrás 10 veces más que antes y conocerás su lenguaje corporal, su voz: ¿tiene poca o mucha energía?

Qué excelente, rápida y fácil manera de conocer más a alguien que te interesa. Te gustó su biografía, te gustó su foto y puedes descubrir mucho más sobre él en una llamada de Zoom de veinte minutos de lo que lo harías si envías mensajes de texto a través de una aplicación de citas en el transcurso de tres o cuatro semanas sin que nadie realmente dé el siguiente paso.

Te conté cómo mi novia actual, Natalie, y yo nos conocimos cuando ella me envió un mensaje directo. A riesgo de sonar superficial, pensé que Natalie era hermosa, y eso despertó mi curiosidad lo suficiente como para responder. Tampoco estaba pensando: «Oh, estoy enamorado de esta chica», más bien pensaba: «Guau». De inmediato comencé a pensar: «Debería responderle, ¿no? No lo sé». Bromeo diciendo que estamos viviendo en un mundo donde las personas son engañadas, pero lo estamos, así que le envié un mensaje y ella me respondió: «¿Cuál es tu Snapchat?». Snapchat tenía una función de videollamada que podías usar, pero la belleza de hacerlo de esa manera era que la otra persona no tendría acceso a tu número, así que la llamé porque quería ver si era real. Pensaba: «Si contesta, es legítima». Y contestó. Le dije: «Muéstrame tu identificación —romántico, lo sé—, pero como dije, los engaños por internet están a la orden del día».

Por fortuna, Natalie tiene una personalidad increíble, pero he conocido a muchas personas bonitas que son terribles, ¿sabes? Y podría haber decidido que ella lo era. Podría haber hablado con ella y dos horas o dos días después darme cuenta de que estaba listo para seguir adelante. En realidad es fácil decidir si nos sentimos atraídos físicamente por una persona o no, pero en definitiva no deberías pensar en eso como un indicador de si hay algo más profundo. Al principio ni siquiera deberías emocionarte tanto. Puedes pensar, es bueno que esté interesado en esta persona físicamente, pero luego tienes que partir desde ahí.

PROBAR SUERTE CON UN AMIGO

Crees que sientes algo por tu amigo cercano. Piensas que quizá estés enamorado de él o ella, pero no estás seguro de si debes «arriesgar» la amistad dando el primer paso y averiguando si sienten lo mismo.

Debes saber que esta amistad tiene fecha de caducidad. La amistad actual en la que te encuentras va a terminar. Estarás en una relación romántica con esta persona, que es diferente, o uno de ustedes finalmente conocerá a alguien más y ya no tendrá tiempo para dedicarle a la amistad que alguna vez tuviste.

Lo más probable es que esta amistad tenga todas las cosas que tiene una relación romántica sin el romance. Hablan todos los días, pasan el rato, van a cenar y son la primera persona con la que hablan cuando necesitan resolver un problema. Simplemente no tienen sexo. La razón principal por la que esta amistad floreció es porque eras soltero y tenías el espacio en tu vida para invertir tu tiempo en alguien que era solo un amigo. O tal vez en realidad nunca quisiste ser su amigo, pero en el fondo estabas demasiado asustado para correr el riesgo de ser rechazado, así que una amistad era una opción más segura que aún te permitía tenerlo en tu vida.

Sabiendo que va a terminar, o al menos que no permanecerá igual indefinidamente, es mejor que te arriesgues. Sé honesto, comunícate con esa persona y hazle saber cómo te sientes: nunca se sabe, podría terminar con un «felices para siempre».

DEJA DE ADVERTIRLE A TU INTERÉS AMOROSO

Digamos que tu interés amoroso anda detrás de alguien que crees que es uno de los «malos», un jugador, o tal vez solo un fuckboy, y sabes que tú eres uno de los buenos. No es tu lugar hacérselo saber, esa no es la forma de llegar a él o ella y eso solo disminuirá las posibilidades de que te considere como una opción. Tal vez tu interés amoroso ya esté al tanto de los riesgos que está tomando y tu comentario le molestará al hacerle sentir que no es lo bastante inteligente como para darse cuenta o, peor aún, lo hará sentir juzgado por tomar malas decisiones, y nada de esto te hace ver más atractivo a sus ojos. A menudo será contraproducente y hará que se sienta aún más cerca de la persona sobre la que le estás advirtiendo. ¿Por qué? Porque le estás dando a tu interés amoroso la oportunidad de sentirse especial, tus comentarios le dan a su ego la oportunidad de sobresalir, tal vez incluso de hacerle sentir que es mejor que otras personas que no eran lo suficientemente buenas para el fuckboy que persiguen. Y luego, incluso si quien te gusta se dirige a la persona que está persiguiendo con preguntas sobre cualquiera de las inquietudes válidas que podrías haber planteado, solo le estás brindando a esa persona una buena la oportunidad de decir algo clásico de un fuckboy o de un jugador a la persona que te gusta, y ella estará preparada para creer lo que le diga. En lugar de eso, trata de ser honesto acerca de tus propios sentimientos.

UNA NOTA FINAL: A SU RELACIÓN NO LE IMPORTARÁ CÓMO SE CONOCIERON

«¿Cómo se conocieron?». Esa es una pregunta común que se le hace a una persona cuando revela a sus amigos que está saliendo con alguien nuevo. Ese detalle se queda grabado en nuestra mente como algo que importa gracias a las comedias románticas. Es comúnmente conocido como el «encuentro lindo». Si bien el encuentro lindo es un momento convincente en cualquier historia de amor, no es un indicador de la probabilidad de éxito en la relación. No es más que una anécdota para hablar en el almuerzo con tu amigo o un tema de conversación en una fiesta, a tu relación no le importa. No afectará qué tan bien se comunican entre sí, qué tan empáticos son el uno con el otro o qué tan profundamente sienten. El único impacto en realidad significativo de una historia de encuentro convincente es que puede ignorar los problemas reales sobre su compatibilidad desde el principio porque le da demasiado valor al destino y a esa gran historia sobre cómo se conocieron. Cuando estés saliendo y tratando de conocer a tu persona, no te preocupes por cómo se conocieron.

Como te dije, mi novia actual y yo nos conocimos cuando ella me envió un mensaje directo. No es una historia romántica en sí misma: ella me envió un mensaje, yo respondí. Charlamos por video y terminamos reuniéndonos en Nueva York. Los dos nos reímos ahora porque cuando nos conocimos en persona sabíamos muy poco el uno del otro y ambos pensamos que el otro estaba un poco loco por haber accedido a conocernos. Cuando nos preguntan cómo nos conocimos solo decimos la verdad. No hay juicio. En realidad nadie tiene una opinión. Y si la tuvieran, no nos importaría. Para nosotros, tiene sentido.

Sin embargo, muchas personas fantasean con conocer a alguien de una manera más romántica con la esperanza de poder contar una historia que suene algo así como: «Éramos las únicas dos personas en una cafetería y sonó tal canción y me pidió que bailara, pero cuando se acercó, resbaló y cayó y tuve que llevarlo al hospital y ahora estamos enamorados». Claro, supongo que sería una historia divertida, pero no habla en absoluto de la compatibilidad a largo plazo. Mucha gente embellecerá cómo se conocieron o incluso inventarán una historia porque no quieren admitir que se conocieron en una aplicación de citas. Si estás buscando salir y conocer gente nueva, no juzgues las diferentes formas en que podrías conocer a alguien. No hay nada de malo en intentarlo. No hay nada que valga la pena tener en tu vida si no tuviste que intentar conseguirlo. Mantente abierto a todas las posibilidades que podrían traerte algo positivo. Un encuentro lindo no es lo que hace que una relación funcione. Juzgar cómo podrías conocer a alguien solo limita tus posibilidades de que suceda algo positivo.

Todos queremos esa historia de cuento de hadas, pero debes recordar que lo que realmente hace el cuento de hadas es el final feliz, no el «Érase una vez».

Pregúntale a Nick

P:

Conocí a un chico en Bumble, pero estoy teniendo dificultades con el hecho de que nos conocimos en Bumble. ¿Consejo?

R:

Eso es como tener dificultades con el hecho de que te sirvieron comida en un restaurante.

P:

¡Consejos para un perfil de citas! ¡Ayuda! ¿Menos es más o una biografía corta e inteligente?

R:

Debería decir: «Si te gusta mi cara, entonces cómprame un trago para que pueda averiguar si me gusta o no tu personalidad y darte la oportunidad de que te guste la mía».

Pregúntale a Nick

P:

Me equivoqué una y otra vez con mi mejor amigo. Lo admití y me disculpé, pero se va de mi vida y haría cualquier cosa para salvar esa amistad. ¿Qué debo hacer?

R:

Tenemos suerte de tener segundas oportunidades. Nunca ha habido una tercera oportunidad que fuera merecida. Si tu historial es tan malo, podría ser demasiado tarde con este amigo. Quizá para ti podría ser lo mejor, pues así aprenderás realmente a ser un mejor amigo de otra persona en el futuro.

P:

Mi mejor amigo sale con chicas asquerosas, pero me puso a mí en la *friendzone*. ¿Debo decir algo u olvidarlo?

R:

Creo que deberías dejar de llamar a tu interés amoroso tu mejor amigo. Luego, sigue adelante.

Pregúntale a Nick

P:

¿Es posible salir de la *friendzone?*

R:

Para obtener algo que deseas debes estar dispuesto a perder algo. Si no quieren ser «solo amigos», dejen de serlo sin conseguir también la relación y el sexo. Después, empieza a salir con alguien más. Deja que te vean bajo una luz diferente.

P:

¿Cómo lanzarse con éxito?

R:

Al no ser un amigo que extrañar.

P:

Consejos para alguien que acaba de empezar la universidad y que quiere conocer gente y encajar.

R:

No trates de encajar, encuentra cosas que disfrutes hacer y hazte amigo de aquellas personas que disfrutan lo mismo.

CAPÍTULO 4

La primera cita

EL ERROR MÁS GRANDE QUE LA GENTE COMETE EN LA PRIMERA CITA

El error más grande que cometen las personas en las primeras citas es que enfocan toda su energía en asegurarse de que le gusten a su cita en lugar de centrarse en si están interesadas o no en una segunda cita. Si bien es importante obtener ese tipo de validación de las personas que amamos, ¿qué pasa con las personas a las que no estamos interesadas en amar? Claro, en un mundo perfecto, todos nos querrían, pero el mundo no es perfecto. Entonces, ¿por qué desperdiciamos nuestra energía preocupándonos si le gustaremos a una cita cuando ni siquiera sabemos si nos gusta?

Todos tenemos inseguridades y cargamos con ciertos traumas: tal vez una experiencia sexual limitada; quizá una vasta experiencia sexual; problemas de salud mental o de imagen corporal; familia problemática o apego a nuestras mascotas. Si a eso le agregas las redes sociales, nuestras inseguridades se magnifican aún más porque todos presentan su yo perfecto. Cuando estamos solteros y saliendo, tenemos una tendencia a preocuparnos más por esas inseguridades y por las cosas que hacemos que molestan a otras personas, y tratamos de ocultarlas, lo que luego impide que nos acepten o nos amen por lo que somos en realidad. Después de todo, ¿qué es el amor si no nos sentimos aceptados y seguros siendo nosotros mismos? Son esos hábitos molestos los que muchos de nosotros hacemos el máximo esfuerzo por mantener contenidos y ocultos mientras conocemos a alguien. Pero esa preocupación y el deseo de aceptación hacen que nos concentremos en las cosas equivocadas cuando se trata de las primeras citas.

Ahora, no menciono esto para decir que estás perdiendo el tiempo comportándote de la mejor manera. Especialmente cuando estamos en entornos sociales, es bueno ser educado y atento con las personas que te rodean. Las primeras citas pueden ser estresantes y, a menudo, son con personas desconocidas, por lo que, ya sea que terminen gustándote o no, hay que ser respetuosos con el tiempo de los demás. Debes hacer un esfuerzo para que se diviertan, incluso si no hay un interés romántico cuando termine la cita.

Pero considera que podrías terminar teniendo una relación con esta persona. Si bien es importante comportarse lo mejor posible, es igual de importante ser uno mismo. Ser tú mismo en las primeras citas tiene mucho que ver con responder honestamente a las preguntas que te hacen. Debes ser auténtico, lo que también significa no pensar en si tu cita estará de acuerdo contigo o no.

Siempre le digo a la gente que no piense en lo que va a decir sobre sí misma. Te conoces a ti mismo mejor que nadie, así que lo único que tienes que hacer es responder a las preguntas que te hacen. No es tu trabajo ir a una primera o segunda cita preparado para contar una historia increíble sobre ti. Una primera cita no pretende ser una presentación preparada que transmita todo sobre tu vida. Una primera cita es cuando tratas de conocer a alguien más. En lugar de preocuparte por lo que dirás, mantén las cosas lo más simples posible y enfoca tu energía en decidir si estás interesado o no en tener una segunda cita. Siento que todos podemos estar de acuerdo en que eso suena mucho menos estresante que obsesionarse con ser querido o aceptado por alguien que apenas conocemos.

Estoy seguro de que esperas que tu cita sea tan honesta contigo como tú lo eres con ellos. En el mejor de los casos, ambas partes deben ser auténticas y darle a su cita la oportunidad de considerar de manera justa si hay o no un interés genuino.

Incluso si piensas que estoy loco por decir que no debes preocuparte por si le gustas o no a tu cita, la buena noticia es que vivimos en un mundo donde las personas honestas —pero consideradas— casi siempre se consideran atractivas. Ser honesto requiere mucha confianza. ¿Cuál es la principal característica de una persona realmente segura en una primera cita? Para mí, no se trata de mostrar bravuconería o fanfarronear o coquetear con la otra persona, sino de ser honesto acerca de quién eres y transmitir esa energía. Esto también es cierto en cada punto de una relación, porque reconocer honestamente tus inseguridades y reconocer que tienes cosas en las que trabajar es parte de una relación saludable. Da miedo exponerse a la gente y dejar que te juzguen, y hacerlo es una verdadera señal de confianza. La mayor parte del tiempo, cuando las personas son honestas y seguras con sus respuestas, la persona que escucha queda encantada con la autenticidad que está viendo. Y si no le gusta lo que está escuchando, no era tu persona de cualquier modo. Así que ser auténtico siempre es beneficioso para todos.

Pero también debemos recordar que la honestidad es una forma de arte, ¿cierto? Las palabras «Solo estoy siendo honesto» no son una excusa para decir cualquier cosa que quieras. A veces puedes ser demasiado honesto y herir los sentimientos de las personas innecesariamente.

Tal vez sobre decirlo, pero si bien debes ser tú mismo y debes ser honesto acerca de quién eres, también hay un momento apropiado para compartir inseguridades más profundas y tus secretos más oscuros con la persona con la que estás saliendo, y la primera cita no es ese momento. La primera cita se trata de ser honesto acerca de quién eres, pero no es el momento ni el lugar para compartir toda tu verdad. No hay que descargarlo todo de golpe. No vas a una primera cita y conoces a alguien y simplemente dices: «Estos son mis malos hábitos». Además, tampoco sabes lo que le va a gustar o disgustar de ti, o lo que considere malos hábitos. La primera cita se trata más de asegurarse de no perder el tiempo compartiendo esa información personal con alguien a quien no volverás a ver en el futuro.

Y ya estamos llegando a la razón principal por la que debemos ser honestos acerca de quiénes somos: una primera cita se trata de la posibilidad de encontrar el amor o al menos encontrar algo que pueda convertirse en amor. No se trata de hacer una campaña en la que intentas agradar a la mayor cantidad de personas posible, sino de encontrar a una persona. Una persona para toda la vida. Para que eso sea posible necesitamos que las personas que conocemos sepan quiénes somos.

Me hacen esta pregunta todo el tiempo: «He tenido muchas primeras citas realmente agradables, pero nunca puedo tener una segunda o tercera cita. ¿Hay algo malo en mí?». Yo les digo que si cada segunda cita termina contigo deseando una tercera, entonces estás rompiendo la primera regla de las citas: sé tú mismo. Lo más probable es que parezcas alguien que solo quiere agradar, en lugar de quien realmente eres. Si estás pensando en tus límites y en lo que quieres y buscando personas que sean dignas de tu tiempo y siendo honesto acerca de quién eres, simplemente no hay tantas personas compatibles en este mundo para que siempre quieras esa segunda o tercera cita.

Te prometo que hay mucha gente buscando a alguien como tú. Eso no significa que nunca les parecerás molesto, solo significa que lo que aman de ti superará con creces las cosas que no les agradan. Si estás demasiado ocupado fingiendo ser alguien que crees que les gustará más a los demás, es posible que las personas que quieren amarte no te encuentren. Habrá mucha gente interesada en ti que no te parecerá tan atractiva y viceversa. Es difícil encontrar esa coincidencia, así que no lo hagas más difícil de lo que debe ser. Acepta tus inseguridades. Reconoce tus malos hábitos con la promesa de tratar siempre de trabajar en ellos. No pretendas ser alguien que no eres. Ni siquiera los mejores actores pueden seguir el método de por vida.

CÓMO SACARLE EL MAYOR PROVECHO POSIBLE A UNA PRIMERA CITA

Aquí están mis ideas sobre cómo aprovechar al máximo una primera cita. Piensa en cada una de ellas en tu siguiente primer encuentro para que puedas ir sin estrés. Entra con más confianza y sé más aventurero. Sé curioso y observador; no tienes nada que perder, excepto unas horas dedicadas a conocer a alguien más.

1 Haz preguntas

Si tu único objetivo en una primera cita es conocer a la otra persona lo suficientemente bien como para poder determinar si está interesada o no en una segunda cita, entonces lo único en lo que necesitas concentrarte durante su encuentro es en las preguntas que quieres hacer.

Tu único trabajo en una primera cita es hacer preguntas y preguntas de seguimiento, escuchar las respuestas que recibes y responder las preguntas que te hacen con honestidad.

¿Eso no lo convierte en una entrevista? Bueno, sí, la primera cita es una entrevista. Sé que a la gente no le gusta pensarlo de esa manera, en realidad odian esa metáfora, pero eso no invalida la idea o el proceso. Piensa en una entrevista de trabajo exitosa: es cuando ambas partes priorizan asegurarse de que la posible relación sea mutuamente beneficiosa. Con una entrevista de trabajo, el empleado quiere tener la oportunidad de ganar dinero y adquirir experiencia. El empleador quiere contratar a alguien que aporte valor a través del trabajo que realiza. Muchas, tal vez la mayoría, de las entrevistas de trabajo no tienen éxito porque con demasiada frecuencia existe una dinámica de poder desigual. O el puesto es demasiado competitivo o el candidato es extremadamente buscado por múltiples empleadores. Cuando la dinámica de poder es desigual, el partido que tiene menos poder tiende a sobresalir y no ser auténtico para ganar la aprobación de la persona en el poder. Esto casi siempre conduce a una futura decepción por parte de una o ambas partes involucradas. Cuando la dinámica de poder es uniforme, el interés por aprender el uno del otro puede ser recíproco. Las preguntas fluyen en ambos sentidos y es más probable que las respuestas sean auténticas.

A diferencia de lo que ocurre con los trabajos, las perspectivas de citas son casi ilimitadas, así que lo que quiero principalmente es aliviar la presión de preparar la entrevista e igualar la dinámica de poder. La presión debe ser prácticamente cero.

Algunas personas dirían: «Bueno, termino hablando todo el tiempo porque no me hicieron preguntas». Si la persona no te está haciendo preguntas que te den la oportunidad de hablar sobre ti, entonces podría ser tímida o estar nerviosa, es cierto, pero también podría ser una señal de que tal vez sea egocéntrica o que no esté interesada en ti en ese momento (y tal vez nunca lo estará) porque solo está interesada en sí misma. O tal vez no es tan interesante como te gustaría que fuera tu pareja. Si estás en una cita y eres el único que hace preguntas, eso significa una de dos cosas: o no están interesados en aprender más sobre ti o están demasiado preocupados por buscar tu validación. De cualquier manera, ese es un buen indicador de que no hay futuro.

2 Presta atención a lo que tu cita te pregunte

Podemos aprender mucho sobre alguien por las preguntas que hace, así que presta atención a las cosas que le interesa aprender. Cuando sabemos muy poco de alguien, las preguntas deben ser amplias para dar espacio a la persona que responde y permitirle hacerlo de la manera que le resulte más cómoda. Si las preguntas son más específicas desde el principio, entonces es una señal clara de que un tema es de alta prioridad para ellos. Si su pregunta es: «¿Cuándo fue la última vez que tuviste sexo?», entonces lo que más le interesa es qué tan probable es que tengas sexo con él o ella, o evaluar qué tan «promiscuo» cree que eres y emitir un juicio basado en eso. La única razón por la que las preguntas deben ser específicas en una primera cita es porque la conversación se desarrolla naturalmente. Ambas personas participan por igual en hacer y responder preguntas. La especificidad debe tener sentido. Si la persona con la que estás en una cita hace una pregunta que surge de la nada, presta mucha atención a cuál es la pregunta, porque te da una gran pista sobre sus motivos.

No te asustes si no parecen emocionados. En algunos casos, no estar emocionado no es algo malo. Por ejemplo, la mayoría de las primeras citas son solo reuniones en persona para dos personas que se conocieron en aplicaciones de citas, cada una de las cuales podría tener otras ocho conversaciones de texto con otras ocho personas con las que se ha emparejado. Si bien siempre es agradable tener a alguien emocionado por ti, a menudo sucede que en las primeras citas ambos debaten si deben quedarse o no para tomar una segunda copa, y mucho menos considerar planear una segunda cita. En muchos casos, ni siquiera has hablado con esta persona: ¿Qué tan emocionado puedes estar con alguien de quien solo has visto algunas fotos y con quien has tenido unas cuantas conversaciones por mensaje?

La mayoría de las citas será con personas con las que no querrás terminar, pero también creo que las personas deben dejar de evitar las segundas citas solo porque no se enamoraron en la primera. Ya sabes, algo como: «No hubo chispa». Pero a veces la chispa es solo que eran altos y atractivos. Eso no es necesariamente algo bueno, ¿cierto? Eso solo significa que quieres que te gusten, pero no sabes nada sobre ellos.

3 No te sientas obligado a responder preguntas demasiado personales

Después de todo, estás hablando con un extraño. ¿Por qué diablos le dirías a un extraño tus secretos más profundos y oscuros o los detalles personales más delicados? Otra razón para asegurarse de que tu atención se centre en conocer a esa persona, en lugar de buscar su validación. Alguien con un interés sincero en conocerte querrá empezar por el principio. No saben nada de ti, por lo que incluso tus respuestas a las preguntas más básicas serán interesantes. Además, solo debemos compartir nuestras mayores inseguridades con las personas en las que confiamos, y no podemos confiar en alguien de quien sabemos muy poco.

4 No mientas

Con suerte, esto ya está muy claro, pero no digas mentiras como: «Estoy bien con solo tener algo sexual» si realmente no lo estás, y definitivamente no digas pequeñas mentiras piadosas para gustarle más a la persona, lo cual suele suceder en las primeras citas. ¿A ellos les gusta el golf/los videojuegos/el surf/ir de compras/cocinar, y a ti no? No digas que también te gusta. ¿Qué puedes decir en su lugar? «Pues mira, no soy muy fanático de eso, pero me encanta hacer x, y, z». O «No sé mucho sobre eso, pero estaría dispuesto a probar». O «Eso no es realmente lo mío, pero creo que es genial que lo hagas con tus amigos». Esta es también una oportunidad para que aprendas más sobre la otra persona. Puedes preguntar qué los atrajo a ese interés particular. Si es algo que no te interesa, en lugar de fingir que sí, sería mucho mejor que admitieras que no es lo tuyo, pero que aprecias cuando las personas en una relación tienen intereses separados.

El deseo de mentir en esta situación puede nacer del miedo a mostrarle al otro algo de ti que no le gusta, o de la inseguridad sobre tus posibles diferencias. Pero esa es una razón más por la que ser honesto es tan importante. Esas diferencias siempre se revelarán de una forma u otra. Creo que lo más importante de descubrir que tienes exactamente los mismos intereses generales que esta persona es averiguar qué tipo de pareja sería, no solo cómo pasan su tiempo libre, sino cómo reaccionan ante las cosas, para así determinar si están abiertos a tener intereses diversos o a no pasar todo su tiempo libre con su pareja. El punto principal es que si eres honesto, pero cortés, acerca de lo que no te interesa genuinamente y lo que estás dispuesto a hacer y cuánto te gustaría compartir y entrelazar tu vida, esa es una forma mucho más auténtica de conocer a alguien. Tal vez tus respuestas pueden ser algo que no quieren escuchar y, de nuevo, está bien, porque tu objetivo no es agradarles, sino decidir si te gustan.

5 Simplifica tus momentos

Cuando digo simplificar tus momentos me refiero a dejar de hacer que las cosas sean más importantes de lo que deben ser. Recuerda que no se tienen que enamorar de ti en la primera cita. No siempre te dejarán boquiabierto en el primer encuentro. Solo intentan conocerte y, con suerte, ser ellos mismos. Después de todo, puede que te gusten o no, ¿verdad? Así que ve a las citas, concéntrate en divertirte, deja de preocuparte por si les gustas, deja de intentar analizar cada intercambio, deja de intentar averiguar qué significa algo. Te estás presionando demasiado a ti mismo y, en consecuencia, a tus primeras citas. Esto probablemente suene repetitivo, pero vale la pena decirlo varias veces porque muchos de nosotros cometemos este error.

Pregúntale a Nick

P:

La chica que me gusta tiene novio, pero creo que soy mejor para ella... ¿Qué debo hacer?

R:

Ella es la que decide qué es lo mejor para ella. Sé tu mejor yo y tu mejor pareja te encontrará a la larga.

P:

Mi novio murió el año pasado. Estoy empezando a salir de nuevo. ¿Crees que eso resulte incómodo para los demás?

R:

Lamento tu pérdida. No, a menos que tú lo hayas matado.

P:

Es difícil abrirme a chicos nuevos debido a problemas de confianza (mi ex me engañó) ¿Algún consejo?

R:

La confianza es una elección. Los chicos nuevos no son tu ex, por lo tanto, elige la confianza en lugar del resentimiento. Solo le das a tu ex más poder al permitirle impactar tus sentimientos en nuevas relaciones.

Pregúntale a Nick

P:

¿Por qué sentirse no lo suficientemente guapo o bueno se ha convertido en algo tan común?

R:

Porque tenemos demasiado acceso y capacidad para compararnos constantemente con los demás.

P:

¿Crees que el tiempo cura todas las heridas?

R:

Claro, pero eso no significa que no dejará cicatrices.

P:

¿Algún consejo sobre cómo ser paciente para encontrar al indicado?

R:

Incluso el indicado te pondrá los nervios de punta en algún momento. Entonces, ¿por qué apresurarse?

Pregúntale a Nick

P:

Ningún chico de la universidad va a querer salir conmigo porque todavía soy virgen. ¿Cómo voy a encontrar a alguien?

R:

La gente ama a las personas que creen en sus elecciones. Cree en la tuya. Muchas personas querrán salir contigo por tu convicción. No todos querrán hacerlo, pero no querrás a todos ni a cualquiera.

P:

¿Algún consejo para tener más confianza?

R:

Elige algo de ti mismo sobre lo que te sientas inseguro, algo que preferirías que la gente no supiera. Luego, cuéntaselo a otra persona, verás que su reacción no será tan mala como habías imaginado. Harás algo valiente y sobrevivirás, y así, te darás cuenta de que hay muchas más cosas de las que eres capaz.

Pregúntale a Nick

P:

Increíble primera cita. Estoy más nervioso ahora que viene la segunda. ¿Cómo relajarse/estar presente?

R:

Sabes tal vez 1% sobre esa persona y te queda 99% por descubrir, pero actúas como si no tuvieras nada más en lo que concentrarte que esperar que le gustes. Enfócate en aprender más sobre el 99% que no conoces, eso debería mantenerte ocupado por un tiempo.

CAPÍTULO 5

Cómo ser mejor en las citas

NUNCA DEJES DE APRENDER

Algo de lo que he hablado mucho en mis pódcast recientemente es que creo que a menudo cometemos el error de salir con alguien en una primera o segunda cita y luego, esencialmente, marcamos todas las casillas en algunas listas que tenemos en la cabeza. Son atractivos. Tienen un trabajo que es genial. Y luego pensamos: «Tuvimos una cita bastante buena, la pasé muy bien, me divertí mucho». Y esa diversión solo podría ser el resultado del restaurante o la puesta de sol, o tal vez fue diferente de la relación anterior de la que acabas de salir, o fue la mejor cita que has tenido después de una serie de citas ridículamente malas. Así que, para todos los efectos, la pasaste muy bien con esa persona.

Entonces te dirás: «Oye, me gusta esta persona». Y es sorprendente cuántos, a partir de ese momento, dejan de conocer a esa persona nueva. Ahora quieren gustarle, y literalmente dejarán de aprender sobre ella. Una vez que piensan que alguien les gusta, ahora todo lo que están tratando de hacer es gustarle más.

Sin embargo, la reacción después de una buena cita, o algunas citas, debería ser: «Creo que me gusta, pero si soy sincero, me queda mucho por aprender sobre esta persona, así que voy a ser optimista, pero aún hay que ver». En cambio, muchos deciden que no van a hacer ninguna pregunta que pueda revelar una capa que no les gustará, que es mejor apoyarse en todo lo que les agrada hasta el momento e ignorar el resto. Cuando lo pones así, parece un comportamiento demente. Sin embargo, creo que esa es, en general, la norma. A menudo, una vez que decidimos que nos gusta alguien, simplemente dejamos de aprender, pero es posible estar entusiasmado con el potencial y consciente de que todavía tienes mucho que aprender. La clave es saber que si descubres algo que no te gusta, puede ser el final de la posibilidad de esa relación, pero no el fin del mundo.

Cometí exactamente este error con mi segunda relación seria. Mi primera novia seria y yo peleábamos mucho por la religión. Ya no soy el mismo, mis puntos de vista sobre ese tema y su importancia en mis relaciones han cambiado, pero me crie en una familia muy católica, y la iglesia seguía siendo muy importante para mí cuando acababa de terminar la secundaria, y ella tenía muchos problemas con la religión en general. Cuando finalmente terminamos, en gran parte debido a esa fricción, conocí a una chica que era tan hermosa y segura de sí misma como mi ex, excepto que también iba a la iglesia todos los domingos, e inmediatamente pensé: «Oh, Dios mío, te amo». Tenía un montón de cualidades que eran similares a las de mi primera novia. ¡Y además le gustaba ir a la iglesia!

Esa es una historia muy común: tienes una relación que no funcionó, y luego tienes una primera cita con alguien que te atrae, y no hace lo que siempre hacía tu ex. Y eso es todo... ¡Bum! Estás enamorado.

En realidad, mi segunda novia seria y yo no teníamos casi nada en común. Me tomó un tiempo verlo, pero realmente no disfrutábamos pasar tiempo juntos ni nos divertimos mucho, pero no me importó en ese momento porque había puesto mucho peso en el hecho de que ella era religiosa. Una vez que vi que tenía algunas cualidades superficiales que me gustaban, me atraía, iba a la iglesia, dejé de hacer más preguntas. No presté atención a nuestra compatibilidad y si disfrutábamos estar cerca el uno del otro.

Podrías reemplazar «religión» con casi cualquier rasgo o actividad que personalmente ames en cualquier momento dado. Digamos que era un gran fanático de los Green Bay Packers y que mi primera novia odiaba los deportes y peleábamos por los deportes todo el tiempo. Quería que le gustaran, ella los odiaba. Me dijo que los deportes eran tontos. Y luego mi próxima novia dice: «Me encantan los deportes. ¿Puedo estar en tu equipo de futbol de fantasía?». Estaría tan feliz por eso que ni siquiera me daría cuenta de que realmente no nos conectamos de muchas maneras, o que no me gustan muchas otras cosas sobre ella.

En situaciones como estas, las personas no hacen suficientes preguntas. Piensan: «No quiero que parezca que lo estoy entrevistando», o hacen preguntas y no escuchan las respuestas. Todos hemos cometido ese error alguna vez: hacemos preguntas y ni siquiera escuchamos las respuestas porque la verdad es que solo queremos gustarle a la otra persona. Conoces a una mujer hermosa y piensas: «Oh, es tan hermosa». Cuenta un chiste y piensas: «¿Sexy y divertida?». O vas a una cita con una persona mucho más joven de lo que normalmente saldrías, y ella dice una cosa sabia y piensas: «Es supermadura para su edad».

Pero en la vida real debes estar dispuesto a descubrir que no son divertidos ni maduros; debes hacer preguntas y debes estar dispuesto a escuchar las respuestas y descubrir que no son tu persona. El verdadero problema no es si te gustan ahora, sino si te van a gustar dentro de un año, pero a menudo no hacemos eso, decidimos que nos gustan ahora y no queremos que digan demasiado para no arruinarlo.

A veces es al revés. En lugar de decidir que nos gusta alguien porque es atractivo y tiene un buen trabajo y olvidarnos de prestar atención a cualquier otro detalle, no aprendemos lo suficiente como para darnos cuenta de que existe un potencial real allí. Digamos que nos sentimos un poco desanimados después de una primera cita, ya sabes, fue agradable, pero también un poco incómodo y no te fuiste muy emocionado; sin embargo, no fue malo o totalmente aburrido, tal vez no hubo «chispa». Bueno, entonces, ¿por qué no ir a una segunda o tercera cita? Sé que no se siente como cuando te enamoraste de tu primer novio o novia, y nunca antes habías visto chispas. Se sentía tan nuevo, extraño y mágico, y sí, lo entiendo, pero si aprendiste algo del capítulo sobre la capacitación de nuestros seleccionadores, es que tal vez no hayas sido tan bueno eligiendo segundas citas en el pasado.

¿Por qué no ser paciente y conocer un poco más a alguien que no es tan malo antes de descartarlo por completo? Después de todo, ¿qué es una cita más en la búsqueda de tu persona?

RECUERDA QUE TODOS SOMOS MOLESTOS

Odio cuando entro en las redes sociales y veo una lista simplificada de cosas que se deben evitar en un perfil de citas o una vez que has tenido una primera salida. Tal vez estoy exagerando un poco, pero por lo general esa lista incluye cosas como «demasiados tatuajes» u «odia a los gatos». Tal vez esas listas estén destinadas a ser satíricas y divertidas, pero como espero darles a las personas buenos consejos que les den más de lo que quieren, evito ese tipo de listas porque lo que hay en ellas suelen ser manías y no cosas no negociables.

Para refrescarte la memoria, las manías son las cosas con las que deberías poder vivir en una buena relación, mientras que las no negociables son aquellas con las que no te gustaría vivir en ninguna relación. Aquí hay una historia para ilustrar lo que quiero decir. Tengo una amiga que no tiene ningún problema para conseguir citas porque es segura de sí misma, divertida, interesante y hermosa. Pero también pasa de un tipo a otro, y siempre es ella la que termina la relación. Recientemente me dijo algo como: «No sé cuál es mi problema con las citas».

Le dije: «Tratas a tus manías como si no fueran negociables. Todo es un gran problema contigo. Si encuentras algo molesto en un chico (llega tarde, o no está de acuerdo contigo, o no quiere ir a ver la misma película, o no le gusta ese tipo de restaurante), simplemente te asustas y terminas con él».

En la mente de mi amiga, casi todo lo que no es exactamente como ella esperaba o planeaba no es negociable.

(Si tienes la tentación de decirle lo mismo a un amigo en una situación similar, considera esto: algo que he aprendido como una persona que da consejos para ganarse la vida es que si alguien no está interesado en recibir consejos, si no está realmente interesado en escucharlos, entonces no los va a recibir bien. A veces solo le digo a la gente: «No sé si en realidad quieres mi consejo, porque si quieres mi consejo, te diré lo que realmente pienso». Cuando llaman a mi programa, a menudo funciona porque se toman el tiempo para llamar. Han llegado a un punto en el que ya no escuchan lo que quieren escuchar ni pueden ser aplacados por familiares y amigos. Pero tienen que estar listos para eso, y si no es así, no quieren escucharlo. Ni siquiera lo escuchan cuando tú sí).

¿Con qué frecuencia te cansas de un amigo y piensas: «Solo necesito unos días, luego todo estará bien... hace eso tan molesto, pero todavía lo quiero». No tienes que decirle eso, ¿sabes? No es fácil poner tierra de por medio y tomar un descanso de nuestros amigos, y a menudo toleramos fácilmente sus molestos hábitos. Algunos, cuando se enfrentan al mismo tipo de cosas de alguien con quien están saliendo, tienden a entrar en pánico. Se supone que la persona de la que estás enamorado no debe molestarte en absoluto, ¿no?

Le dije a mi amiga lo que siempre digo, que es recordar que todos son molestos. Todos sacamos de quicio a otros de vez en cuando. Como dije antes, incluso la grandeza puede ser molesta. En lugar de entrar en pánico cuando te encuentras con algo molesto, debes decidir qué es de verdad importante. ¿Es eso algo realmente no negociable o es una manía? Hay muchos casos en los que tal vez sea mejor esperar y ver, o prestar más atención al comportamiento que te molesta antes de tomar una decisión. Digamos que estás en una tercera o cuarta cita y te diste cuenta de que en la primera cita llegó 15 minutos tarde, en la segunda cinco y en la cuarta 10 minutos tarde. Te estás dando cuenta ahora de que esta persona es probablemente de las que siempre llegan un poco tarde.

Tienes que considerar si 10, 15, 20 minutos es de verdad el fin del mundo. ¿Qué pasa si la estás pasando increíble y en realidad disfrutas de su compañía, pero tan solo no es bueno para administrar su tiempo? Tal vez puedas aprender a vivir con eso. Pero también podrías pensar: «De acuerdo, ¿esta persona está dando lo mejor de sí misma? Cuando se sienta de verdad cómoda conmigo, ¿empezará a llegar una hora tarde? ¿Estará literalmente en su sofá cuando yo esté en el restaurante? No necesito terminar. No necesito terminar esto solo porque es un poco desconsiderado con su tiempo. No me encanta, pero tal vez no debería enloquecer». Quizá solo estás prestando más atención. Es una bandera amarilla, una advertencia. Piensas algo como: «Bueno, necesito prestar atención a esto. Tal vez necesite hacer algunas preguntas sobre este tema para ver qué tan grande es el problema. ¿Está dispuesto a trabajar en esto conmigo? ¿Puedo adaptarme?». Tal vez solo sea cuestión de decirle que llegue al restaurante a las 7 p. m. cuando en realidad estás planeando llegar ahí a las 7:15.

A veces las cosas son molestas y obviamente no negociables. Si estás en una primera, segunda o tercera cita con alguien y está siendo un imbécil con el mesero, eso es una verdadera señal de alerta. Esta persona ni siquiera puede pretender ser amable frente a alguien a quien todavía está tratando de impresionar; ese es un indicador potencial de un defecto de carácter real y, por lo tanto, no es negociable.

Un comportamiento tan autodestructivo como el de mi amiga, que piensa que todo es no negociable, es aguantar algunas cosas no negociables como si fueran manías. Como quedarse cuando alguien no te habla con respeto o aguantar infidelidades o enfados recurrentes. Algunas personas se convencen a sí mismas de que esos son hábitos molestos, en lugar de lo que son: verdaderas razones para dejar una relación.

SÉ HONESTO SOBRE LOS ASPECTOS NO NEGOCIABLES

A todos nos encanta idealizar que alguien nos amará tanto que estará dispuesto a mudarse por nosotros, a renunciar a un trabajo al que se dedicó durante décadas o a pasar por alto las diferencias de religión o edad. Pero eso en realidad depende del individuo. Para algunos estar cerca de su familia, amigos y su comunidad local puede ser una gran parte de lo que son. Mudarse sería quitarles todo eso. Eso es realmente difícil de justificar, y podría ser un no negociable legítimo, pero las personas se convencen a sí mismas de que algún día podrán hacerlo, que pueden vivir con eso, y después de muchos años de citas a larga distancia, al fin se dan cuenta de que alejarse de su sistema de apoyo diario en realidad no era negociable.

No entender mis propios no negociables fue el problema con mi primera relación seria. Crecí en un hogar católico muy tradicional y la religión era una gran parte de mi vida cuando era más joven. Iba a la iglesia todos los domingos y gran parte del matrimonio y la relación de mis padres se centraban en la religión. Fueron literalmente presentados por un sacerdote católico. La iglesia fue genial para ellos y yo respetaba su relación, así que quería emularla. Cuando era joven, un hombre de 19 o 20 años, pensé que también quería eso en una relación. Mi primera novia también fue criada como católica, pero su familia no era muy religiosa y, con franqueza, no se sentía cómoda con la religión y tenía claros sus sentimientos.

Aun así, peleábamos mucho por la religión. En ese entonces pensé que estaba haciendo lo correcto al decir: «Esto es importante para mí, y si quieres estar conmigo, si quieres compartir la vida conmigo, necesito que compartas esto conmigo también». Y ella sentía justo lo contrario, lo que nos dejaba como dos personas tratando de navegar por una gran diferencia en la forma en que veíamos nuestras vidas.

Mirando hacia atrás, puedo ver con claridad que en ese momento de mi vida tal vez debería haber estado pensando en la religión como algo no negociable, como lo es para muchas personas. Si de hecho eres superreligioso, eso es algo muy importante, y va a ser una parte importante de tu vida. Y aunque al final mi novia y yo nos separamos, al tratar este enorme problema como algo que podía resolverse, aunque nuestras posturas al respecto fueran directamente opuestas, ambos sufrimos muchas peleas y sinsabores que podríamos haber evitado.

Como mencioné en la sección sobre los casi algo, no hay nada de malo en tomar riesgos y ser vulnerable en una situación que puede no funcionar como esperas. Solo no te mientas a ti mismo sobre la situación: sé honesto contigo sobre lo que estás tratando de hacer y lo que quieres, y sé honesto sobre el esfuerzo que requerirá y los riesgos.

Ya sea que estés tratando de hacer que una relación a larga distancia funcione, o salir con alguien mucho mayor o menor que tú o con puntos de vista diferentes, sé realista acerca de estas situaciones. No te acerques con la mentalidad de que está destinado a ser. Cada una de esas situaciones que describí tendrá más desafíos y obstáculos que salir con alguien que vive en la misma ciudad, o que tiene una edad más cercana a la tuya, y debes ser honesto contigo mismo al respecto.

NO JUZGUES A LA GENTE POR TENER UNA LARGA LISTA DE EXPAREJAS

Estoy seguro de que muchos podrían pensar: «¿Qué? ¿Yo? ¿Juzgar? Nunca». Y podrían estar diciendo la verdad. Aun así, piénsalo por un segundo. Romantizamos el amor todo el tiempo. Idealizamos ser el primer amor de alguien. Con esa romantización se juzga a las personas que pueden haber tenido algunas, o incluso muchas, parejas en el pasado.

Me gusta usar la analogía de la casa de los sueños: tu idea de la casa de tus sueños puede cambiar con el tiempo, ¿verdad? Lo que pensabas que querías recién egresado de la universidad es probablemente diferente a la casa de tus sueños cuando tenías 32 años. Tal vez querías una casa como aquella en la que creciste, o la de al lado. Pero a lo largo de los años has viajado y te han invitado a todo tipo de casas en las que nunca antes habías estado. De repente la casa de tus sueños original ya no parece un sueño. Es lo mismo con la persona que ha tenido solo una o dos parejas en comparación con alguien que ha salido con una docena: es probable que el que tiene más experiencia haya aprendido mucho más sobre lo que realmente quiere en una relación.

Cuando esa persona diga: «Te amo», te sentirás seguro de esas palabras y de lo que significan para esa persona porque tendrán más claro por experiencia lo que realmente significan. Entonces, en lugar de ver a múltiples parejas anteriores como algo negativo, en lugar de querer ser el primero y único de alguien, agradece que tengan esa experiencia.

Si todavía te sientes nervioso, hazle preguntas y hablen sobre esas relaciones antes de comprometerte a tener una con él. Podrías preguntar: «¿Qué hay de las relaciones que has tenido en el pasado que nunca quieres replicar?». O «¿qué es algo sobre una relación pasada que esperas tener de nuevo?». Debería poder ofrecer ambos tipos de ejemplos.

Con eso en mente, le pregunté a mi audiencia si juzgan a las personas si han tenido muchos ex, lo que sea que «muchos» signifique para ellos. Estos son los resultados: 36% admitió haber juzgado a alguien si pensaba que tenía muchos ex. Dado que vivimos en un mundo lleno de juicios y, a menudo, juzgamos más de lo que nos gustaría admitir, voy a suponer que el número real es en realidad un poco más alto. Aun así, incluso 36% se siente alto, en especial cuando se considera el hecho de que las personas que están siendo juzgadas probablemente solo estén siendo abiertas y tratando de encontrar a su persona. Si deseas comenzar a hacer que las citas sean menos difíciles para ti, empieza por no juzgar a los demás por tomar riesgos en el camino para encontrar a su persona.

HACER LÍNEAS DE TIEMPO SEXUALES ES UNA PÉRDIDA DE TIEMPO

Recibo estas preguntas todo el tiempo: ¿Debo acostarme con alguien en una primera cita? (En primer lugar, es importante reconocer si estás en una cita o si, sin saberlo, estás participando en la cultura de los ligues, definida con anterioridad). ¿Cuánto tiempo debes esperar para tener sexo con alguien? Odio esas preguntas porque no me importa si tienes relaciones sexuales en la primera o la tercera cita o cinco meses después, solo quiero que primero establezcas expectativas y límites, como discutí al principio del libro y como seguiré abordando más adelante. En cambio, algunas personas establecen plazos para las personas con las que están saliendo. A menudo estos tiempos se basan únicamente en la premisa de que, si haces esperar a alguien, te respetará más, te verá como un desafío y, por lo tanto, estará más interesado en tener una relación seria contigo. Pero hacer que alguien espere por esperar no tendrá ningún impacto en la conexión emocional que tenga contigo.

Existe una idea errónea común sobre las citas: que alguien podría perderte el respeto si tienen relaciones sexuales «demasiado pronto». Cuando las personas tienen relaciones sexuales en las primeras citas y uno parece perder el interés poco después, muchos dirán que la otra persona dejó de interesarse porque comenzó a juzgar al otro por tener relaciones sexuales demasiado pronto. Algunos cometerán el error de juzgarse a sí mismos, dañándose emocionalmente, preguntándose si esa persona todavía estaría presente si hubiera esperado más tiempo. Para cualquiera que alguna vez se haya juzgado a sí mismo por tener relaciones sexuales demasiado pronto, quiero que sepas que hacerlos esperar no habría hecho ninguna diferencia. Deja de juzgarte a ti mismo, porque puedo prometerte que ellos no lo están haciendo.

Espero que eso te haga sentir mejor, porque la siguiente parte podría doler un poco. Perdieron el interés no porque pensaran diferente de ti, sino porque simplemente no están interesados en tener sexo contigo de nuevo. Para ayudar a explicar esta realidad, usaré la teoría de las películas para articular cómo algunas personas procesan el sexo.

Cuando las personas ven una película tienden a tener una de tres experiencias: la odian y tienen dificultades para terminarla; la disfrutan, pero están satisfechas con verla solo una vez; o la aman y esperan verla una y otra vez. Las películas que amamos son pocas y distantes entre sí, pero cuando las amamos, siempre disfrutaremos viéndolas una vez más. Así es como mucha gente procesa el sexo.

La mayoría de las veces se divierten porque el sexo por lo común es algo agradable, como una película generalmente es algo agradable; tan solo no tienen ningún deseo real de volver a verla. Sin embargo, si alguien en realidad disfruta tener sexo contigo, te prometo que volverás a saber de esa persona. Al igual que una gran película, el buen sexo no es fácil de encontrar. Si te acostaste con alguien y no supiste nada de él, o terminaron las cosas poco después, es porque decidió que el sexo contigo estaba bien, pero no fue lo suficientemente interesante como para querer volver a hacerlo. Sé que es difícil escuchar eso, pero es muchísimo mejor que pensar que te está juzgando por hacer algo mal. O, posiblemente, disfrutó teniendo sexo contigo, pero sabe que no quiere nada más y, *con suerte*, has establecido límites claros.

Y tampoco implica que seas malo en la cama, tan solo que ustedes dos no encajaban bien por varias razones.

Es en extremo importante tener en cuenta que el hecho de que a alguien le guste tener sexo contigo no significa necesariamente que le gustes. Me atrevería a decir que las personas son por completo capaces de amar el sexo con alguien con quien ni siquiera disfrutan estar cerca. Esto solo puede durar un tiempo, ya que, a la larga, la cantidad de tiempo que tienes para pasar con ellos no valdrá la pena, pero al principio es fácil ignorar eso.

Entonces, ¿cómo puedes saber si eso es lo que está sucediendo? No es tan difícil, en realidad. Primero, saber que es posible es la mitad de la batalla, porque ahora puedes prestar atención a cómo te trata esta persona cuando no tienen relaciones sexuales. Puedes revisar la lista de rasgos para fuckboys y jugadores, pero algunos signos comunes de que a alguien le encanta tener sexo contigo, pero no disfruta de tu compañía, son todos esos mensajes de texto a altas horas de la noche, planes de última hora, irse de inmediato después de tener relaciones sexuales o decir que tiene que madrugar para no quedarse a dormir.

Una vez más, cuando estableces líneas de tiempo pensando que cuanto más tiempo una persona está dispuesta a quedarse, más sincera es, te diriges a una gran decepción. Debes establecer expectativas y límites, así es como evitas la decepción. No estás construyendo una conexión emocional con solo desafiar a alguien a ver cuánto tiempo está dispuesto a esperar para tener sexo contigo. Sin una conexión emocional, probablemente obtendrás el mismo resultado que si tuvieras sexo con esa persona en la primera noche o en el cuarto mes.

DALES PRIORIDAD A LOS LÍMITES QUE HAYAS ESTABLECIDO POR ENCIMA DE LA QUÍMICA QUE SIENTAS

Cuando se trata de salir y buscar a «el indicado», muchos confiamos en sentir química o una conexión natural para saber cuándo encontramos a alguien que vale la pena explorar. La química es real. Es ese sentimiento intangible de atracción magnética lo que en realidad comienza la fascinación inicial que puedes tener con una persona. Sin embargo, lo que pasa con la química es que es muy difícil confiar en su potencial. Puede esfumarse inmediatamente después de ese primer estallido embriagador de lujuria. Algunas personas son más carismáticas por naturaleza, y todos tendemos a sentir una especie de conexión instantánea con ellas. Tal vez tengan un presente emocionante o posean un aura magnética, o tal vez tan solo tengan un don natural para relacionarse con las personas.

La química también se puede fabricar cuando se controlan ciertos aspectos de nuestro entorno. Como alguien que pasó mucho tiempo enfocándose en el amor en un entorno de telerrealidad, puedo asegurarte que cuando tienes un enfoque singular y un suministro limitado de cualquier cosa no es tan difícil comenzar a sentir todo tipo de química con las personas. Claro, la mayoría de ustedes no experimentará un entorno controlado tan radical como en *The Bachelor*, pero otras cosas comunes pueden aportar un elemento de control a nuestro entorno, uno que restringe tu enfoque y limita tus opciones. Cosas como tener amigos similares, ser miembros de la misma iglesia o compartir experiencias pueden hacer que sea un poco más fácil sentir química con ciertas personas. Nuestros egos también pueden jugar un papel en nuestra química confusa con la oportunidad de sentir validación. ¿Es química lo que sentimos o esta persona que encontramos increíblemente atractiva solo nos presta un poco de atención? Lamentablemente, a pesar de que no es confiable y puede fabricarse, todavía es muy difícil de encontrar. Como resultado, cuando lo experimentamos con alguien, tendemos a sobrevalorar su importancia a la hora de determinar si esa persona merece nuestro tiempo y atención.

Cuando las personas llaman a mi pódcast para contarme sobre un casi algo con el que están teniendo dificultades, a menudo enumeran los muchos desafíos que enfrentan, pero luego intentan justificar la relación a través de la química que tienen con esta persona. Me dan una lista de todas las cosas que no les gustan: «Son inconsistentes»; «Dicen que no quieren una relación»;

«Cuando se enojan, pueden ser malos», pero siempre continúa con un «PERO TENEMOS MUCHA QUÍMICA» en voz muy alta y confiada. La química con alguien es un gran sentimiento, y ciertamente puede hacer que las citas sean más fáciles y mucho más divertidas desde el principio, pero muchos usaremos ese sentimiento de química para ignorar los límites que tratamos de establecer para nosotros mismos. La química es parte de enamorarse, pero es solo uno de muchos factores. También es algo que puede crecer con el tiempo a medida que comienzas a construir una conexión emocional. Debemos tener cuidado de no usarlo como una excusa para comenzar a negociar con nosotros mismos sobre los estándares y límites que trabajamos tan duro para establecer. Estándares y límites que sabemos que necesitaremos para sentirnos felices y amados a largo plazo: no desestimes una base emocional sólida en favor de un enamoramiento fugaz. Así que la próxima vez que sientas esa química, disfrútala, solo ten cuidado de no usarla como una excusa para mirar hacia otro lado cuando las cosas comiencen a sentirse un poco fuera de lugar.

DESATA EL PODER DE DEFINIR LA RELACIÓN

Definir una relación puede ser un paso más allá de establecer expectativas y límites, aunque todo ello esté implicado. Definir la relación es simplemente hablar sobre esas dos cosas con la persona con la que estás saliendo. ¿Cuándo creo que la gente debería definir la relación? Cada vez que sienta que quiere o necesita más de su relación, cada vez que esté confundida acerca de las expectativas de su relación o cada vez que se encuentre en una situación en la que desee obtener algo de claridad. Puedes definir tu relación después de unas semanas, meses o años, cuando lo necesites o cuando las cosas cambien.

Definir la relación podría ser: «No quiero ver a otras personas y esperaba que tú sintieras lo mismo». Tal vez sea: «Creo que me gustaría mudarme contigo, y espero que sientas lo mismo». Quizá sea causado por el hecho de que acabas de tener sexo con la persona con la que estás saliendo y ahora quieres seguir haciéndolo, pero preferirías que no se acueste con otras personas. Definir la relación puede ser tan simple como aceptar poner una pausa a salir con otros mientras se enfocan el uno en el otro, todo mientras aceptan revisar en un par de semanas para ver cómo les va.

De hecho, le hice una encuesta a la audiencia de mi pódcast sobre cuándo tenía sentido definir primero una relación, y les di dos opciones. Defines tu relación cuando llegas a:

Opción A: ¿El punto en el que estás seguro de tus sentimientos por la otra persona?

Opción B: ¿El punto en el que te gusta la persona lo suficiente como para querer conocerla mejor, y estableces límites y definiciones sobre no acostarte con otros con la esperanza de que las cosas progresen?

Los resultados se dividieron esencialmente por la mitad, con 52% diciendo que quería tener confianza en sus sentimientos y 48% simplemente queriendo establecer límites para enfocarse en conocerse.

No creo que haya una respuesta correcta o incorrecta, pero si me preguntas, diría que la opción B es la mejor. En un mundo donde el acceso a personas solteras nunca ha sido tan fácil, decidir ser exclusivos mientras se conocen no solo parece ser la mejor manera de resolver cómo se sienten, sino que también es la mejor forma de crear claridad dentro de una relación desde el principio.

Crear claridad al definir dónde están ambos es importante en todas las etapas de una relación, porque las personas no se despiertan y comienzan a darte más de lo que necesitan para obtener lo que quieren. Incluso en las relaciones más amorosas tienes que hablar sobre tus expectativas con tu pareja, e incluso en las relaciones más amorosas podemos aprovecharnos de nuestras parejas. Nos aprovechamos de las personas que amamos todo el tiempo. De hecho, nuestra pareja suele ser la persona a la que acudir para aprovecharnos, porque no se va a ir a ninguna parte y nos quiere.

Mucha gente quiere evitar este tipo de conversaciones, y eso casi siempre proviene del miedo: miedo a la decepción y al conflicto. Tienes miedo de que otra persona se enoje contigo o de perder el buen sexo. La persona que quiere una relación más profunda no dice: «Escucha, no quiero seguir haciendo esto. Me gustas. Quiero que seas mi novia/novio», porque tiene miedo de que esa persona diga: «Yo no quiero eso, pero no quiero dejar de tener sexo contigo». A la larga, es mejor tener la conversación porque, seamos sinceros, quedarse y evitar una conversación cuando sabes que algo está desequilibrado a menudo solo retrasa lo inevitable.

Después de estas conversaciones, también debes estar dispuesto a hacer cumplir los límites que estás tratando de establecer, porque un límite solo sirve si se cumple. No puedes decir: «No quiero que te acuestes con otras personas», y cuando la otra persona dice: «Lástima», seguir durmiendo con ella mientras sigues sintiendo lo mismo. No puedes decir: «Quiero que pases más tiempo conmigo» y luego no tener más tiempo. Eso parece obvio, pero muchas personas no obtienen la resolución que desean y simplemente permanecen en esa situación. Se convencerán a sí mismas y a sus amigos de que prefieren estar con esa persona que no quiere salir con ellas antes que perder lo que tienen, aunque se conformen con las migajas. El objetivo número uno de definir una relación es dejar de aceptar menos de lo que quieres.

Cuando estés listo para definir una relación, lo más importante es que nunca le preguntes a la otra persona qué quiere antes de establecer un límite, que es exactamente lo que hace la mayoría de la gente. Si comienzas la conversación preguntándole qué quiere, estás cediendo tu poder para obtenerlo. Es muy difícil hacer cumplir un límite cuando ya has cedido tu poder. En su lugar, debes decir exactamente lo que tú quieres: «No quiero acostarme con otras personas», «Quiero ser tu novio o novia», «Quiero que pasemos más tiempo juntos». Sea lo que fuere, y luego le dices por qué te sientes así.

Después, cuando termines de decirle lo que quieres, no digas nada más, estará o no estará de acuerdo contigo. Si no está de acuerdo puedes simplemente decir: «Está bien, lamento que te sientas así», pero no cedas con el límite que acabas de definir. Recuerda que algunos se acobardan. Con ellos, si estás dispuesto a alejarte cuando no respetan los límites que acabas de establecer, se darán cuenta. Si no lo hacen, nunca iban a estar contigo de la manera en que querías en primer lugar. Así que no empieces con una pregunta para luego no comprometerte.

Agregaré que después de decirle esto a la gente a menudo me preguntan: «Pero ¿cuándo es el momento adecuado para pedir lo que quiero?». La respuesta es nunca, al menos en términos de definir una relación. Recuerda que lo más importante no es preguntar, es decir lo que quieres y cuáles son tus expectativas, ver cómo responden a eso y apegarse a los límites que estableciste.

Una última reflexión sobre la definición de una relación: creo que debería ser menos estresante y trascendental. La analogía que uso es como buscar películas en Netflix. Con las citas, vemos todos los avances con la esperanza de encontrar la película perfecta en lugar de simplemente comenzar a ver la película. Pero ¿y si presionamos reproducir más a menudo con personas con las que ya estamos saliendo «en serio»?

No tienes que pensar que te vas a casar con alguien para tomarlo en serio. ¿Por qué no aceptar dejar las aplicaciones, dejar de acostarse con otras personas, conocer a los amigos de los demás y conocerse entre ustedes? Puede que no funcione después de un par de semanas o meses, pero aprenderás algo sobre ti y sobre tus relaciones, y ese es el objetivo de las citas, ¿no? Más importante aún, ambos se darán cuenta de eso más rápido y con muchos menos sentimientos heridos y preocupaciones que surgen de la falta de comunicación.

Como dije, no hacemos eso principalmente porque tenemos miedo: miedo a las rupturas y a herir los sentimientos de las personas, pero en primer lugar miedo de estar saliendo con alguien más cuando al final aparezca esa otra persona perfecta. Sí, si eso sucede, va a ser muy incómodo. Tal vez quedes como el malo, pero no estás casado, ni siquiera comprometido, solo están saliendo. Estamos actuando como si salir de una relación con cualquier límite requiriera abogados o un divorcio, pero todo lo que se necesita son conversaciones. El costo de evitar esos momentos y situaciones incómodos es perderse la oportunidad de conocer a algunas personas potencialmente perfectas.

Yo era tan culpable de esto como cualquiera. Me quedé soltero durante mucho tiempo hasta que conocí a Natalie, y en parte se debió a que estaba esperando una elección obvia, una película perfecta. Pero ahora veo que la mejor manera de averiguarlo es darle una oportunidad. Pude haber tenido entre cinco y 10 relaciones diferentes en ese tiempo y aprender mucho más de esas personas y lo que quería de una relación.

HAY QUE SABER CUÁNDO PREGUNTAR «POR QUÉ» (Y CUÁNDO NO)

Creo que uno de los mayores errores que cometen las personas cuando se trata de citas es no confiar en las palabras POR QUÉ. «Por qué» es un concepto muy poderoso. Cuando se usa correctamente son dos palabras que pueden brindarnos mucha información sobre una situación y ayudarnos a comprenderla mejor. Es una de mis preguntas favoritas para usar en la vida, e incluso en mi programa: cuando las personas llaman para contarme su historia y luego me piden consejo, hago que me digan por qué todo el tiempo. «¿Por qué aceptaste eso? ¿Por qué les dijiste eso? ¿Por qué hiciste aquello?». Una vez que empiezan a pensar en el verdadero porqué de sus acciones —tenían miedo al rechazo, tal vez— puedo empezar a llegar a la verdad real de su situación. Y tú también puedes usar «por qué» de esta manera.

Otra buena razón para pensar en las palabras «por qué» cuando estás saliendo es que las personas a menudo aceptan lo que les dicen cuando en realidad deberían estar preguntando por qué. El mejor y más fácil ejemplo de esto es cuando alguien usa la palabra «amor». Todos deseamos ser amados, muchos lo hemos soñado, incluso lo hemos anhelado durante algún tiempo. Entonces, cuando escuchamos las palabras «Te amo» de otra persona, o simplemente «Me gustas mucho», a menudo nos quedamos atrapados en el momento. Si se trata de una persona por la que sentimos algo similar, es muy fácil simplemente decir: «Yo también te amo».

Si bien no estoy tratando de matar el entusiasmo y arruinar un momento que has estado esperando, es importante que comiences a preguntar por qué lo antes posible. Sin embargo, casi universalmente, hacemos lo contrario: aceptamos esas palabras al pie de la letra. Luego, unos meses después, esa persona desaparece y pensamos: «¿Cómo sucedió eso?». Si tan solo hubiéramos preguntado por qué y evaluado la respuesta, tal vez no terminaríamos lastimados.

Como todas las emociones, el amor es subjetivo. Las palabras significan distintas cosas para diferentes personas. Preguntar por qué es una excelente manera de ayudar a protegerse de los inmaduros y los que se dejan llevar demasiado. La persona que se enamora por primera vez tendrá un punto de vista diferente sobre el amor que quien se enamora por tercera vez, o una persona que descubrió a su último ex engañándola, o un jugador. Algunos ven el amor como un sentimiento intenso y otros como algo que se construye con el tiempo. Cuando preguntas: «¿Por qué me amas?», solo te estás asegurando de que sus sentimientos signifiquen lo mismo que tus sentimientos.

Imagina a dos personas que están saliendo y emocionándose la una con la otra. Una de ellas ha estado enamorada de la otra durante algún tiempo, y tal vez todavía no puede creer que la otra le corresponda. Un par de meses después el que había estado enamorado dice: «¡Te amo!», y el otro pregunta: «¿Por qué me amas?». La respuesta podría ser: «Nunca pensé que llegaría a estar con alguien como tú».

Ahora, admito que puede sonar encantador. Si alguien me dijera eso, incluso si mi instinto me dijera que preguntara por qué, mi ego simplemente me diría que me callara y aceptara el cumplido. «¡Solo nos dijeron lo especiales que somos! ¿Quiénes somos para cuestionar eso?». Pero ese es en realidad un momento para seguir con otro «por qué»: para averiguar más sobre lo que quiso decir. Por esta razón, preguntar por qué es una excelente manera de ayudar a protegerse de cualquiera que solo te diga algo para tener sexo.

¿Por qué somos especiales para ellos? ¿Es porque ven a alguien excepcionalmente atractivo o de cierta posición social? Tal vez lo que a final de cuentas quieren decir es: «Me encanta tener sexo contigo». Pero tal vez escuches algo más tranquilizador, como: «Me fascina que me hagas sentir seguro y siempre te comuniques de manera abierta conmigo», o «Me encanta que me ayudes a trabajar en mis inseguridades sin juzgarme por tenerlas», o «Me encanta poder ser yo mismo a tu alrededor».

De nuevo, una vez que empezamos a preguntarnos «por qué», podemos llegar a la verdad de lo que quieren decir y de lo que realmente sienten por nosotros. De cualquier modo, «simplemente te amo» NO es una respuesta final aceptable a por qué alguien te ama o realmente le gustas o quiere pasar tiempo contigo, en especial si está en el calor del momento mientras decides si dar o no un paso más en la relación basándote en conjeturas sobre sus sentimientos.

Ahora bien, hay un lado oscuro del porqué: cuando alguien te dice que ya no quiere volver a verte, las primeras palabras que salen de la boca de las personas casi siempre son «¿por qué?».

Son dos palabras con mucho poder, pero al igual que otras cosas poderosas, pueden hacer más daño que bien cuando se usan incorrectamente. Se han invertido infinidad de horas en que dos personas mantengan conversaciones del tipo «¿podemos hablar?» para que una de ellas entienda perfectamente el porqué de las cosas. Todos decimos que es para cerrar el caso, pero en realidad solo estamos intentando que nuestro ego llegue a un punto en el que al menos pueda considerar la posibilidad de aceptar la situación para poder seguir adelante... Cuando estamos dolidos por algo que no podemos controlar, como cuando nos dicen que ya no quiere salir con nosotros o que ya no nos ama, nuestro ego se aferra a las palabras «por qué» por desesperación, le damos miles de vueltas al asunto y pedimos la ayuda de todos los que conocemos para descifrarlo.

La verdad es que el porqué en realidad no importa cuando acabas de descubrir que alguien ya no te ama o no le gustas o no quiere salir contigo, ciertamente no desde su punto de vista. Ni siquiera te interesa saberlo para tener una mejor comprensión de su decisión y así poder seguir adelante, solo quieres saber la razón para intentar hacerlo cambiar de opinión. Honestamente, no creo que en la historia de las rupturas alguien haya logrado convencer a su pareja de que cambie de opinión durante esas conversaciones de «tenemos que hablar», pero todos insistirán en tenerlas. Pero nuevamente, en el momento adecuado, «por qué» puede ser una pregunta que te hagas con la esperanza de poder mejorar la forma en que abordas las situaciones en el futuro. Es solo que ese momento no es cuando todavía estás dolido por el hecho de que los sentimientos de alguien hacia ti cambiaron.

Cuando se usa en el momento y de la manera correctos, la pregunta «¿por qué?» puede ser un gran paso para que te sientas poderoso y en control, y cuando eso sucede estás un paso más cerca de encontrar lo que estás buscando.

OLVIDA LO QUE LAS PELÍCULAS NOS HAN ENSEÑADO SOBRE LAS CITAS

Mientras escribía este libro me preguntaba si había habido algún estudio profesional sobre si las personas piensan que las citas son cada vez más difíciles o fáciles desde que tenemos toda esta nueva tecnología. Google no me brindó mucha ayuda, pero luego me di cuenta: espera, puedo encuestar a mi propia audiencia en Instagram. Sé que no es una encuesta profesional, pero lo que encontré fue que 90% de mis seguidores piensa que es más difícil encontrar el amor ahora que hace 50 años; 91% piensa que es más difícil que hace 10 años, y 75% de ustedes piensa que es más difícil incluso que hace dos años.

La lógica podría llevarnos a creer que debería ser todo lo contrario, que ahora sería más sencillo. La posibilidad de encontrar el amor para la persona promedio se ha expandido desde tu pequeña comunidad a prácticamente todo el mundo, ¿cierto? Además, con la ayuda de internet, nuestros seleccionadores están aprendiendo cosas como lenguajes de amor y estilos de apego, sobre *gaslighting* y bombardeos de amor, todo lo cual debería ayudar a nuestros recolectores a filtrar a los fuckboys.

La buena noticia es que no es nuestra culpa, es solo que nuestra cultura sigue dándonos modelos realmente malos para las citas.

Para ayudar a explicar lo que quiero decir, voy a hablar de la película *Diario de una pasión*. Sí, *Diario de una pasión*, considerada por muchos como una de las mejores historias de amor romántico de la actualidad. Es una película de verdad buena que disfrutan tanto hombres como mujeres y, aparentemente, cualquiera que persiga el ideal de encontrar el amor. Excepto que *Diario de una pasión* es solo una historia sobre dos personas tóxicas que lastiman a otros para salirse con la suya y que luego se vende y disfruta como una hermosa historia de amor.

No creo que esto sea una noticia de última hora para algunos de ustedes, pero para aquellos que se preguntan de dónde saqué la audacia para hacer tal afirmación, hagamos un repaso rápido: Noah consiguió su primera cita con Ali amenazándola con suicidarse. El tipo se colgó de un brazo de la parte superior de una rueda de la fortuna. Atlético o no, si hubiera habido un poco más de humedad en esas manos, podría haberse resbalado y muerto. Luego, Ali engañó a su prometido; después, Noah le escribió a Ali una carta todos los días sin una sola respuesta. (Eso es mucho más problemático que romántico). Para cualquiera que cuestione eso, Noah no tenía idea de que la madre de Ali estaba interceptando sus cartas. En términos modernos, eso es lo mismo que alguien que envía 365 mensajes de texto sin respuesta. No eran solo un «Oye, te extraño», eran párrafos completos. Eso es problemático. Ambos también se enojaban con rapidez.

Y, por último, pero no menos importante, Noah era un fuckboy. «¡¿Qué?!», debes estar pensando, «¡Nick, he visto esa película cientos de veces. Noah no es un fuckboy!». Lo siento, pero, de hecho, lo es. Recuerda cómo trató a la viuda Martha y todo el montaje donde el Noah mayor dice algo así como: «Había alguna dama ocasional». Eso es lo que diría un fuckboy para no decir: «Tuve mucho sexo».

No estoy criticando a Noah por ese aspecto, porque este es un libro con una noción positiva del sexo. La única opinión que tengo sobre la frecuencia de tu vida sexual, que analizo más adelante, es que espero que lo hagas de manera segura y te comuniques. Pero si la película nos hubiera dado el punto de vista de Martha, todo lo que habríamos escuchado sería que Noah inventó excusas de por qué no podía comprometerse: «Estoy concentrado en vender esta casa», «Mi primera novia me arruinó», «Mi amigo murió en la guerra», «No puedo estar en una relación en este momento… pero ¿quieres venir esta noche?».

Y sé que al menos algunas de esas maravillosas mujeres con las que Noah estuvo saliendo durante ese periodo tal vez le preguntaron: «Entonces, ¿qué somos?». Y sabemos que Noah no les dijo: «También estoy en un casi algo con Martha, quien claramente espera convertirlo en una relación real».

Sí, Noah es un fuckboy.

Pero incluso sabiendo eso, la próxima vez que veas esta película *todavía* sentirás un calorcito en tu corazón porque termina con ellos profundamente enamorados. Excepto que la mayoría somos las Marthas en esta historia y seguimos perdiendo el tiempo con la esperanza de algún día sentirnos como Ali. *Diario de una pasión* es mentira porque quiere hacernos creer que el amor lo conquista todo, hasta para dos personas de mierda. En realidad, ese tipo de rasgos suelen acabar conquistando el amor, si les dedicas el tiempo suficiente.

No son solo películas como *Diario de una pasión* las que han envenenado nuestras expectativas sobre cómo encontramos el amor. Piensa en el programa *Sex and the City*, que también nos jodió. A lo largo de toda la serie nos hicieron apoyar a Carrie y a Big. Nos emocionábamos cuando encontraban el camino de regreso, incluso cuando eso significaba que lastimaban a otras personas. Una vez más, nos enseñaron a pensar que no importa lo mal que se ponga o lo doloroso que sea, al final, vale la pena. Excepto que rara vez es así.

Ahora, si estás leyendo este libro, lo más probable es que hayas tenido una gran decepción o al menos un puñado de casi algo que te hayan dejado sintiéndote derrotado y un poco frustrado. El tema central de este libro gira alrededor de tratar de ser honestos con nuestras elecciones y decisiones, el papel que jugamos en nuestro viaje para encontrar el amor y, si somos honestos al analizar *Diario de una pasión* o *Sex and the City*, quizá veamos algunos de nuestros malos hábitos en las citas. Simplemente no nos sentíamos aludidos por ellos porque siempre nos han enseñado que al final todo iba a salir bien. No es de extrañar que nuestros seleccionadores estén descompuestos cuando hemos tenido algunos pésimos modelos.

Entonces, ahora que entendemos por qué Noah, Ali, Carrie y Big no son modelos a seguir y sus relaciones no deben ser el objetivo, podemos comenzar a buscar mejores modelos de amor verdadero, de los cuales hablo a detalle en este libro. Con suerte, eso puede comenzar a hacer que las citas se sientan un poco más fáciles.

Pregúntale a Nick

P:

¿Cómo impresiono a un chico sin perder el sentido de quién soy?

R:

Siendo una persona que no cambiaría nada para impresionar a un chico.

P:

¿Algún consejo para cuando no te sientes lo suficientemente bueno?

R:

1) Eres cien por ciento lo suficientemente bueno. 2) Pasa 0% de tu tiempo con alguien que te haga sentir lo contrario.

P:

¿Cómo pasas las vacaciones cuando estás solo? (Yo, no tú).

R:

Estar soltero es diferente a estar solo. Supongo que no estás solo. Deja de decirte que estás solo.

Pregúntale a Nick

P:

Estoy saliendo con un chico muy agradable, pero la chispa se fue. ¿Cómo termino las cosas sin lastimarlo?

R:

A veces el dolor es inevitable, pero solo empeoras las cosas al hacerle perder el tiempo y no dejar que encuentre a otra persona.

P:

¿Algún consejo para una etapa de vida intencionalmente soltera...?

R:

Nunca cierres por completo las puertas de las habitaciones que esperas llenar a la larga.

P:

Si todavía me importa lo que hace mi ex, ¿significa que no me gusta el chico nuevo con el que estoy saliendo?

R:

No, solo significa que no has superado totalmente a tu ex. Pero ese es probablemente tu ego que no quiere que sigas adelante, porque tu ego no quiere creer que pueda ser feliz sin ti. Pero sí puede y tú deberías estar de acuerdo con eso porque se puede ser feliz sin ellos.

Pregúntale a Nick

P:

¿Cuáles son las señales de alerta que hay que buscar al conocer a alguien durante una cita?

R:

Cualquiera de sus acciones que te haga pensar: «Eso se siente mal, pero creo que podría arreglarlo».

P:

¿Cómo les dices a los chicos que dejen de hacerte perder el tiempo?

R:

No les dices, solo dejas de permitírselos.

P:

Dicen que soy «difícil» cuando pongo límites. ¿Por qué?

R:

Porque tus límites les resultan incómodos. Hacer cumplir tus límites a menudo significa cerrar la puerta a las personas que no los respetan.

Pregúntale a Nick

P:

Un chico con el que acabo de empezar a hablar critica mis finanzas/cuánto trabajo. ¿Es una señal de alerta?

R:

Cuando te critican desde el principio en lugar de solo enfocarse en conocerte, están tratando de convertirte en alguien que les gusta, no están tratando de ver si realmente les gustas.

P:

¿A los chicos les importa la cantidad de chicos con los que te has acostado?

R:

Todo depende del chico. Tu persona aceptará el viaje que hiciste para encontrarla.

Pregúntale a Nick

P:

¿Cómo superar a alguien que no está listo, pero admite una conexión?

R:

Conexión no es igual a compatibilidad. Conocí a cientos de personas con las que sentí conexiones y en las que no quería invertir románticamente. Su incapacidad para «estar listo» se convertiría en su incapacidad para hacerte sentir amado y eso debería tener más peso para ti que escucharlos admitir que sienten algún tipo de conexión.

P:

39 y soltera por primera vez en 15 años. ¿Cómo conocer gente y dejarla entrar?

R:

Concéntrate en conocerla haciendo preguntas. Preocúpate por dejar entrar a uno cuando encuentres a alguien que valga la pena.

P:

¿Cómo le hago saber a mi novio que me gustaría recibir sorpresas agradables, como flores, sin herir sus sentimientos?

R:

Si hieres los sentimientos de un hombre al comunicar tu lenguaje de amor, probablemente deberías irte de ahí.

CAPÍTULO 6

Navegar por la cultura del ligue

LA REGLA MÁS IMPORTANTE ES RECORDAR QUÉ ES REALMENTE LA CULTURA DEL LIGUE

A medida que el mundo moderno se vuelve más progresista, el sexo fuera del matrimonio o incluso una relación es mucho menos tabú. Por supuesto, la gente ha tenido sexo casual fuera de las relaciones durante mucho tiempo, pero ahora hablamos de manera abierta del tema y lo hacemos más públicamente que antes. Es más aceptado. Junto con ese cambio social, o tal vez debido a él, podemos conocer gente nueva a través de lo que parece y se siente como aplicaciones de citas ilimitadas, con casi una infinidad de elección sobre con quién tener relaciones. Las personas se están asentando con una mayor edad, y también tenemos más parejas sexuales a lo largo de nuestra vida, con más años de soltería y disponibilidad. Y aunque todavía hay muchos dobles estándares y estigmas en torno al tema, la aceptación social del sexo casual fuera de una relación comprometida ha creado lo que muchos de nosotros llamamos «cultura del ligue».

Pero con la mayor aceptación de la cultura del ligue, también ha surgido más confusión, ya que muchos nos acostamos más y nos comunicamos menos. Tal vez en el pasado uno decía algo como: «Oye, me gustas, ¿quieres ser mi novia o mi novio?». Y luego tenían sexo. En estos días hay una gran contradicción: nos estamos volviendo cada vez más reacios a definir nuestras relaciones y cada vez más dispuestos a tener relaciones sexuales con personas de las que sabemos muy poco o con las que no nos hemos comunicado en absoluto sobre sexo. Y eso casi siempre creará confusión y dolor.

A medida que el acostarse al principio de una relación se ha convertido en la norma, también lo ha hecho el comprobar nerviosamente si la persona con la que has estado teniendo sexo casual quiere comprometerse contigo. Las citas a menudo pueden parecer una gran corriente de fuckboys que entran y salen de nuestra vida. En otras palabras, todos estamos constantemente tratando de descifrar qué significa el sexo, cuándo tenerlo y cómo evitar arrepentirnos en el camino. Pero lo más importante que podemos hacer es recordar qué significa en realidad acostarse o ligar con alguien.

Para mí, la definición de enrollarse o ligar no es una cita, es sexo sin una conexión emocional establecida. Si le envías un mensaje de texto a alguien un par de veces durante un mes para que vaya a verte, supongo que tienes algún tipo de conexión, pero solo se conocen desde hace un mes. Como dije antes, creo que lleva tiempo hacer que alguien realmente sea parte de tu vida y definir con honestidad tu relación y tus compromisos mutuos. No voy a debatir aquí qué significa estar enamorado o cuánto tiempo lleva enamorarse, pero si quieres confiar en la conexión emocional que has construido con alguien, entonces eso lleva mucho tiempo. No es algo que la mayoría de la gente pueda lograr en varios meses, y mucho menos después de algunas citas. A menudo lleva más de un año.

Es tan improbable que exista una conexión emocional en la cita tres o cuatro o incluso en la 10, como en la cita uno. En otras palabras, todo sexo entre dos personas que no han definido su relación entre sí es sexo sin una conexión emocional establecida. Casi todo el sexo fuera de una relación definida y comprometida, una en la que las personas han definido sus expectativas mutuas de una manera en la que ambas están de acuerdo, es parte de la cultura de ligue sin conexión emocional. Una vez que te das cuenta de que la mayor parte del sexo durante las citas técnicamente no es una cultura de citas sino de ligue, y que no hay intimidad emocional asociada, estarás más informado para tomar decisiones sobre lo que quieres hacer.

Cuando las personas tienen relaciones sexuales, por lo común hay dos objetivos principales en mente. El primero es divertirse y el segundo solidificar una conexión emocional mutua. Si vas a participar en la cultura del ligue, el único objetivo que debes tener con respecto al sexo es el primero: pasar un buen rato.

ESTABLECE EXPECTATIVAS Y LÍMITES LO ANTES POSIBLE

Por lo tanto, si quieres practicar sexo con el objetivo de divertirte, deberías hacerlo cuando te apetezca. Siempre que sea con una pareja que dé su consentimiento, en la cultura del ligue no existe el «demasiado pronto». Sin embargo, incluso dentro de la cultura del ligue, creo que debes hablar sobre tus expectativas, sean cuales sean. Pueden ser tan simples como: «Solo estamos teniendo sexo y ninguno de nosotros espera saber de la otra persona en uno o dos días, y ninguno de nosotros espera tener una segunda cita». Esas expectativas pueden ser: «Oye, hemos tenido relaciones sexuales antes, pero ahora creo que podría querer explorar una conexión mutua y tener una cita real contigo». (Y si la persona dice que espera algunas de esas cosas, entonces la otra debe ser consciente de que una de las dos partes ve aquello como algo más que sexo consensuado, y debe ser honesto acerca de sus intenciones).

Pero si te pones cachondo una noche y tienes relaciones sexuales consentidas con alguien y no hablas de otra cosa que del hecho de que estás cachondo y de que ambos estuvieron de acuerdo con tener relaciones sexuales, entonces no puedes tener expectativas sobre lo que se supone que debe hacer la otra persona. A la gente le gusta asumir expectativas que provienen del sexo, pero el mundo ya no es así, y probablemente nunca lo fue. No puedes pensar: «¿Por qué no me llamó si acabamos de tener sexo?», porque en realidad no debería haber expectativas de que te llamen porque no habías definido tus expectativas de antemano. Supongo que habría sido algo considerado llamarte, pero no están saliendo contigo.

¿Eres una persona de 20 años en la universidad con grandes aspiraciones profesionales y sueños de mudarse a Europa? Tal vez sea mejor estar soltero, tal vez solo quieras tener una conexión ocasional porque reconoces que tienes muchas otras prioridades importantes y no estás interesado en desarrollar relaciones a largo plazo por el momento. Y eso está bien. Creo que hay un momento y un lugar para ser egoístas en nuestra vida. Y ¿sabes?, 18 a 22 es como el momento más egoísta de nuestra vida, como debería ser.

Algunas personas pueden haberse divorciado recientemente y volver a salir por primera vez. Tal vez se casaron cuando tenían 27, 28, tuvieron un par de hijos, y ahora tienen treinta y tantos años. Tal vez necesitan ser honestas consigo mismas: «Oye, no he vivido para mí. Tal vez quiero ser egoísta por un par de años. Está bien». Ahora, si vas a ser egoísta, ve y sé egoísta, pero sé honesto con las personas con las que interactúas, diles que estás en un punto egoísta de tu vida y establece expectativas desde el principio. Puedes tener citas, pero quizá les digas algo como: «Escucha, voy a ser totalmente sincero, no te conviene invertir mucho en mí».

Ser egoísta y tomarte tiempo para ti está bien, pero saber que eso es lo que quieres hacer y decírselo a otras personas es realmente importante. Sin embargo, muchas veces en la cultura del ligue tenemos sexo con alguien y no tenemos ni idea de cómo van a continuar las cosas en los próximos días. Una persona puede esperar que la otra llame. Una persona puede esperar que la otra no llame. Tal vez alguien sale herido y se le considera al otro una mala persona por haberlo hecho.

Creo que hay mucha más confusión y sentimientos heridos en la cultura de las relaciones sexuales porque nadie habla de sus expectativas antes de tener sexo. La mayoría de la gente no dice: «Escucha, creo que eres genial. Me atraes físicamente y me encantaría tener sexo, pero solo quiero eso, sexo. Eso es todo lo que quiero de esta interacción en este momento. Si no quieres eso, si eso no es lo que estás buscando, está bien, pero entonces quizá no deberíamos hacerlo. Si no quieres enrollarte conmigo porque quieres tener contacto físico con alguien que al menos esté interesado en la posibilidad de tener una relación seria contigo, entonces no soy tu persona».

La mayoría de la gente tampoco dice: «Me acuesto contigo porque creo que me gustas y tengo la esperanza de que te interese tener una relación conmigo y quiero solidificar una conexión emocional».

Puede dar miedo hablar de cualquiera de esas cosas porque no queremos ser crueles ni herir los sentimientos de nadie, y tampoco queremos que nos hieran a nosotros. O tal vez queremos evitar la confrontación o simplemente no queremos perdernos del sexo. Quizá pienses que tus intenciones ya están completamente claras si coinciden en Tinder y quedan a altas horas de la noche.

Tal vez pienses que hablar de todo esto es innecesario o incómodo, pero he descubierto que la mayoría de la gente respeta este tipo de honestidad porque le estás dando a la otra persona la oportunidad y la información de elegir sabiamente por sí misma. Descubrí que muchas, muchas personas todavía están confundidas acerca de lo que significa el sexo porque la mayoría tiende a decir cosas vagas como: «Veamos a dónde va esto» o «No estoy en una relación en este momento». Incluso si creen que lo que están diciendo es claro, la persona que escucha estas declaraciones vagas a menudo las traduce según lo que quiera escuchar.

Hice una encuesta con la audiencia de mi pódcast sobre la confusión y las expectativas, y los resultados me parecieron fascinantes. Mi audiencia es quizá 93% femenina, por lo que fueron principalmente mujeres las que respondieron. Pregunté cuántas habían tenido relaciones sexuales con alguien con quien estaban saliendo antes de siquiera intentar discutir cualquier tipo de expectativas o límites. Y la mayoría dijo que tuvo relaciones sexuales justo antes de tener pláticas sobre cómo establecer límites.

Y luego tuve una pregunta de seguimiento para los que tuvieron relaciones sexuales antes de definir los límites: ¿Cuántos de ustedes terminaron sintiendo que esa persona con la que estaban teniendo relaciones les estaba dando alas? Y, nuevamente, la mayoría dijo que se sintió engañada. Yo pienso: «¿Cómo puedes sentirte así? Tú no estableciste ninguna expectativa o límite».

En esa misma encuesta, 60% de mis oyentes dijo que en la mayoría de los casos el sexo viene antes de establecer expectativas definitivas. Y 77% dijo que a menudo trataba de definir la relación, pero que su pareja lo evitó mientras continuaba saliendo con ellos. Y ahí es donde entra la aplicación de los límites.

EL SEXO CASUAL SIGUE SIENDO SEXO

Recuerda que abordar el sexo de manera más casual no lo hace menos poderoso. El sexo es una gran cosa. Muchos dirían que es la experiencia más placentera que alguien puede tener. Sin embargo, también puede tener consecuencias que podrían cambiar la vida, como embarazos no planificados o infecciones de transmisión sexual (ITS); puede conllevar lecciones muy duras, como sentirse utilizado o sentir que te han mentido. Si vas a participar en la cultura del ligue, asegúrate de respetar el poder que tiene el sexo para cambiar las cosas para todos los involucrados.

Por encima de todo, tienes que respetar tus propios sentimientos y límites. Si uno de tus límites es darte cuenta de que no quieres acostarte con una persona que no tiene ningún interés en tener una relación contigo, entonces debes respetar esos límites y tomar las decisiones que sean mejores para ti, lo que puede significar evitar la cultura del ligue.

TEN SEXO PORQUE QUIERES, NO POR LO QUE SIENTAS POR ALGUIEN MÁS

Sé que puede sonar loco, pero recuerda que estamos hablando de la cultura del ligue y, a riesgo de sonar redundante, estamos hablando de sexo con alguien con quien no has establecido una conexión emocional.

Sin embargo, muchas personas deciden tener relaciones sexuales en función de cuánto creen que le gusta a la otra persona. Esto a menudo hace que se sientan utilizadas o traicionadas. Siempre será decepcionante tener relaciones sexuales con alguien que te gusta solo para que terminen las cosas poco después, pero recuerda, estás considerando tener relaciones con alguien a quien solo conoces desde hace poco tiempo. Entiendo que a veces se siente como si lo conocieras desde siempre, pero los sentimientos a menudo nos hacen ignorar la realidad, y esta es que lleva mucho tiempo llegar a conocer realmente a alguien. Si vas a tener sexo porque crees que te gusta, es solo porque te gusta lo que sabes hasta el momento. Recuerda, los sentimientos cambian, y cuanto menos sepamos de alguien, más probabilidades hay de que así sea. Tienes que aceptar el riesgo de que esos sentimientos puedan cambiar de manera drástica, en especial una vez que incluyes algo tan significativo como el sexo.

Con todo eso en mente, si vas a tener sexo con alguien desde el principio, la única forma de asegurarte de que no te arrepentirás es tomar una decisión basada solo en lo que quieres hacer, no en lo que piensas que significará, lo que crees que alguien más está pensando, o lo que esperas que suceda. Si bien aún es posible sentirse decepcionado si la otra persona termina las cosas después, puedes reflexionar sobre el hecho de que disfrutaste la experiencia y que entraste con los ojos bien abiertos y porque realmente querías hacerlo.

Pregúntale a Nick

P:

He recibido mucha atención en público y salido con varias personas, pero no logro hacer la transición a una relación.

R:

Tal vez tu atención está dispersa y todos pueden sentirlo. O estás tratando de mover las cosas demasiado rápido con todos ellos y pueden sentir eso. Baja la velocidad, solo estás buscando uno.

P:

Te deja de seguir después de que se acuestan y luego coinciden en Tinder. ¿Ayuda?

R:

Estás gastando toda tu energía tratando de descubrir qué siente por ti alguien que se alejó. En lugar de eso, responsabiliza a las personas por cómo te tratan.

P:

Salimos un par de veces y nos mantenemos en contacto, pero él me cuenta sobre sus otras citas. ¿Qué diablos?

R:

Está tratando de establecer un límite (de una manera inmadura) de que solo quiere tener sexo contigo. Él no quiere nada más.

Pregúntale a Nick

P:

¿Puedo pasar de ser un amigo con derechos a algo serio?

R:

La única manera de averiguarlo es dejar de acostarte con esa persona.

P:

Si un chico me dice que no está listo para una relación, pero le gusto, ¿debería seguir intentando?

R:

Me gustan las zanahorias, pero no tengo planes de comerlas exclusivamente a corto plazo.

P:

Cómo saber si están mintiendo.

R:

Haz más preguntas. Es fácil responder y mantener la calma cuando dicen la verdad. Si intentan hacerte sentir mal por hacer preguntas, probablemente estén tratando de ocultar algo.

CAPÍTULO 7

Amor verdadero y relaciones serias

NO EXISTE EL AMOR A PRIMERA VISTA

Si el verdadero amor proviene de dos personas que aceptan las extrañas cualidades del otro, entonces el amor a primera vista es un mito. Hay lujuria y excitación a primera vista, pero no amor. Los primeros encuentros o las primeras citas tienen límites respecto a cuánto podemos aprender sobre otra persona. La lujuria y la excitación, sin duda, pueden llevar al amor, pero cualquier persona enamorada que te diga que supo que estaba enamorada en el momento en que vio a su pareja tiene el beneficio de la retrospectiva. Hay muchas más personas que han sido engañadas por el «amor a primera vista».

«Sé que esto suena loco, pero se siente como si te conociera desde siempre». ¿Alguna vez has oído eso antes? Es una de las cosas más comunes que se dicen dos personas que se ven sorprendidas cuando sienten una conexión inesperada. Aunque decimos que suena loco, muchos de nosotros cometemos el error de creer que es verdad. Queremos creer que de alguna manera esta conexión que estamos sintiendo es tan fuerte que conecta psíquicamente su cerebro con el nuestro y descarga todo lo que hay que aprender sobre ellos sin hacer preguntas ni experimentar la vida con ellos. Cuando dices: «Sé que esto suena loco», ese es el tipo de magia que estás sugiriendo que debería ser posible para que la parte de «parece que te conozco desde siempre» sea cierta.

Digo esto porque a menudo ejercemos una cantidad irrazonable de presión sobre nuestras relaciones en las primeras etapas en función de la rapidez con la que pueden escalar nuestros sentimientos. La velocidad con la que uno se enamora no importa y, sin embargo, a menudo nos gusta escuchar historias que incluyen cosas como: «Supe que era la elegida desde el momento en que la vi» o «fue amor a primera vista». La verdad es que nos emocionamos a primera vista y eso se convierte en amor. Cuando te dices a ti mismo: «No sé qué tiene esa persona, pero me gusta muchísimo», te dices que quieres que te guste, mas no sabes nada sobre esa persona. Esa podría ser una razón para seguir aprendiendo, pero no es amor.

Cuando alguien dice «Te amo», quieres que de verdad lo diga en serio. Quieres que sea algo más que palabras. Y el amor a primera vista es literalmente solo palabras. Es una idea de lo que podrías sentir algún día basada solo en lo que sabes en ese momento, y lo que sabes no es mucho. Tal vez te sientas físicamente atraído por esa persona; quizá te guste su currículum: de dónde es, su historia familiar, si fue a la universidad, su trabajo, sus finanzas, ya sabes, todas las cosas que te pueden atraer. Y te encantan esas cosas. Eso es lo que realmente estás diciendo, pero eso no es mucho.

Antes de que pienses «¡Odio eso! ¡Qué poco romántico!», quiero que imagines dos parejas: una que de alguna manera experimentó el amor a primera vista. Salieron y se comprometieron para casarse 15 meses después. Luego de un año de su matrimonio, consiguen nuevos trabajos, conocen gente nueva y, aunque todavía se aman, ese amor comienza a desvanecerse. Ambos comienzan a preguntarse si el matrimonio durará. Esperan que así sea, pero tienen dudas.

La segunda pareja se conoció y tuvo una gran primera cita. Hubo química instantánea, risas y un interés real en volver a verse. Durante las siguientes semanas ambos tuvieron dos citas con otras personas, pero descubrieron que todavía se conectaban entre ellos más que con nadie. Ambos consideraron que tal vez esta podría ser su persona. Sin embargo, cada uno vio algo no negociable en el otro, y fueron cautelosos porque ambos se habían sentido decepcionados en el pasado. Se dijeron a sí mismos que deberían tomarse más tiempo para conocer a la otra persona antes de confiarle su corazón. Con el paso del tiempo, las dudas disminuyeron y su conexión creció. Tres meses después se estableció una relación comprometida. Eran una pareja joven, por lo que se aseguraron de priorizar sus objetivos individuales tanto como los objetivos de la relación. Después de tres años de noviazgo, se comprometieron y, hasta el día de hoy, cinco años después, su conexión sigue creciendo y las dudas sobre su amor o ellos son inexistentes.

¿Qué pareja quieres ser? ¿Qué historia te parece más romántica? La primera pareja se enamoró a primera vista. Fue instantáneo. Inmediatamente supieron que se enamorarían y se casarían. De hecho, se enamoraron, se casaron y luego todo comenzó a desvanecerse. La segunda pareja también sintió una chispa de inmediato, pero procedieron con cautela y, al hacerlo, tuvieron tiempo para construir un romance estable. Su relación funcionó con el tiempo. Claro, estos son escenarios teóricos, y dos personas que se conocen y avanzan de la manera en que lo hizo la primera pareja podrían vivir felices para siempre, al igual que dos personas que tomaron las cosas con calma podrían terminar separándose después de 10 años juntos. Pero mi punto es que nuestra fijación con el romanticismo de enamorarse «a primera vista» puede oscurecer el panorama general, que en realidad se trata de encontrar una relación saludable y duradera.

¿QUÉ ES EL AMOR VERDADERO?

Lo que significa estar enamorado varía de persona a persona. Algunos se enamoran rápidamente, mientras que otros necesitan más tiempo antes de estar dispuestos a reconocer ese tipo de sentimientos. Lo más importante que hay que recordar es que nuestros sentimientos cambian con el tiempo, y cuanta menos información tengamos para sustentar nuestros sentimientos, más probabilidades hay de que cambien. Aquí hay algunas cosas que sí sé sobre el amor real y saludable:

1 El amor verdadero toma tiempo

Una relación real y emocionalmente significativa solo comienza cuando descubres los problemas de tu pareja, cómo lidia con el estrés, los hábitos y las pequeñas peculiaridades que te molestan a ti o a otras personas. Incluso los rasgos que amas al principio pueden volverse en tu contra con el tiempo. Es posible que tengas muchas citas con alguien que es relajado y tranquilo, y al principio te gusta eso: esa calma es muy diferente a la de tu última pareja. Tal vez acabas de salir de una relación con alguien que era un dolor de cabeza y, al final, conociste a alguien que está relajado y no se preocupa por las pequeñas cosas.

Más tarde te das cuenta: «Tal vez esa persona es, en realidad, un poco más floja que yo». Y eso puede ser frustrante a pesar de que es precisamente lo que te atrajo en un inicio. Al principio fue muy agradable verla tranquila, pero unos meses después comienzas a desear que tuviera un poco más de sentido de urgencia, un poco más de motivación. No todo puede esperar hasta mañana. ¿Sabes?, a veces uno tiene que ponerse en marcha. Podrías encontrar eso muy molesto en tu pareja.

Estos son los tipos de cosas a las que tendrás que adaptarte o tratar de solucionar. Podrías pensar: «Sí, eso es un poco molesto, pero todavía me encanta estar cerca de ti, y esa es una sensación muy reconfortante». Parte de ese buen sentimiento es simplemente aceptar a tu pareja: «Oye, todo el mundo tiene sus cositas». Pero hay más cualidades, y piensas: «Sí, eso es molesto, y sé que así eres tú, pero aún necesitas trabajar en eso». Haces esa lista de cosas por las que estás agradecido, y las cosas que esperas que cambien, y dices: «A pesar de todo eso, de verdad te amo y me encanta lo que ambos aportamos a esta relación. Te amo a diario, me haces sentir bien y seguro conmigo mismo. No todo el tiempo, porque puede doler cuando me decepcionas, pero generalmente soy una persona mucho más feliz contigo en mi vida, y así es como sé que te amo». Y todo esto lleva tiempo.

Estoy hablando desde mi propia experiencia. Soy alguien que puede pensar demasiado y que a veces se deja llevar por sus pensamientos. Cuando eso sucede puedo enfocarme demasiado en algo, puedo ser un mal oyente y tiendo a interrumpir mucho. Por supuesto, también tengo la capacidad de ser un buen oyente, ya que es mi trabajo escuchar las historias y los problemas de otras personas, pero en las conversaciones con amigos, o si me quedo realmente atrapado en mi propio hilo de ideas, me olvido de escuchar. No puedo tan solo decir: «Bueno, así soy». Si sé eso sobre mí mismo, necesito trabajar en ello. Odio eso de mí mismo, y tal vez siempre seré malo en eso, pero estoy comprometido a trabajar para mejorar.

A menudo, cuando comenzaba a salir con alguien nuevo había algo único en mí que notaban. Esa cosa única parecía de verdad atractiva al principio. Podía estar ultraconcentrado en algo y superemocionado. Parecía realmente sexy y atractivo al principio, pero siempre bromeaba diciendo que lo que más le gustaba de mí, a una nueva novia, podía ser lo que la irritara más adelante. Porque lo que es interesante y diferente deja de serlo una vez que pasan las 10 citas y te acostumbras. Muchas cosas pueden volverse molestas 10 citas después. Luego, nueve meses después, no podían soportarlo, así que nos separamos. Estoy seguro de que no se trataba solo de un pequeño hábito, pero estas cosas tienden a convertirse en una bola de nieve.

En la relación que tengo ahora mi novia Natalie me ayuda, literalmente, con ese hábito. Por ejemplo, salimos a cenar con amigos, entablamos una conversación y me emociono mucho. Y si nota que estoy interrumpiendo un poco en lugar de dejar que alguien más termine su idea, solo me da una patadita. Sé con exactitud lo que está haciendo y pienso: «Está bien, gracias». Nadie más sabe lo que está pasando, es algo entre nosotros. Ella nunca me anunció que iba a empezar a hacerlo; no me grita ni me avergüenza frente a otras personas, no dice cosas como: «Por Dios, no puedo creer que estés haciendo eso otra vez». Pero me di cuenta porque habíamos tenido una conversación al respecto antes de reconocerle que esto es algo que tiendo a hacer, soy consciente de ello. Y reconoció que le molesta y que es algo en lo que quiere que trabaje. Y ahora, en lugar de resoplar y suspirar, o denigrarme, o decirme que odia esta pequeña cosa sobre mí, me está ayudando a ser mejor al respecto. Y es solo un pequeño golpecito. Y soy lo suficientemente consciente de mí mismo como para decir: «Ok. Sí. Lo estoy haciendo. Sip. Okay».

Cuando eso pasa solo respiro y me concentro en escuchar más. Ella está trabajando conmigo, nunca seré perfecto en eso, pero mi deseo de ser mejor al respecto y su deseo de no enloquecer porque hay muchas otras cosas que ama de mí hablan del equilibrio en nuestra relación. Para mí, eso es amor: reconocer esas cosas negativas o difíciles, comunicarlas, trabajar en ellas. Y eso lleva tiempo.

En pocas palabras: estar enamorado, no importa cuán lento o rápido lo sientas, no significa que dejen de aprender el uno del otro. Siempre van a surgir cosas que podrían cambiar tu punto de vista. Sigue aprendiendo, sigue haciendo preguntas. Las preguntas son como los frenos de un auto del amor que solo quiere ir lo más rápido posible, incluso si puede haber un precipicio mortal esperando a los pasajeros al final del camino. Tómate tu tiempo y conduce con seguridad.

2 El amor verdadero requiere trabajo

Ya deberías estar aprendiendo que el amor es algo que tienes que construir, pues requiere una base de conocimiento sobre la otra persona. Y construir cualquier tipo de base requiere trabajo. Tienes que elegir hacer todas las cosas de las que ya hemos estado hablando en este libro, y luego esforzarte cuando las hagas:

aprender sobre tu persona, ser honesto sobre lo que quieres y quién eres, hacer preguntas y escuchar las respuestas, aprender a estar bien con los problemas de otras personas después de haber descubierto realmente quiénes son. Elegir estar con alguien requiere esfuerzo, y creo firmemente en esforzarse siempre, en nunca dar por sentado al otro.

3 El amor verdadero no es solo decir «te amo»

Como dije antes, creo que también tenemos que estar de acuerdo con dar seguimiento a esas palabras. La primera vez que las escuchamos de alguien con quien estamos saliendo, en especial si estás en algún tipo de casi algo, podemos sentir que las acciones y las palabras no se alinean. La gente debería ser capaz de explicar sus sentimientos.

Si dicen «Creo que eres hermosa», tal vez no sea suficiente. Pero si pueden hablar sobre las pequeñas cosas que haces, la persona que eres, los pequeños momentos que han notado que también los hacen ser mejores, eso es algo. Tal vez digan: «¿Sabes?, hubo una vez que hiciste algo bueno por mí, y realmente me gustó cómo lo hiciste». O: «Te vi ser muy considerado con otra persona, y me encantó que hicieras eso».

Al principio le dije a mi novia Natalie que me gustaba que es muy buena para estar presente. Me di cuenta de que si íbamos a tomar un café o a la tienda entablaba conversaciones reales, simples y sinceras con los baristas y los cajeros, y es algo agradable de presenciar y observar. Hace que la gente se sienta notada y especial, y yo nunca hago eso, nunca. Y no es porque sea un cretino, es solo que estoy en mi propia cabeza, estoy demasiado ocupado pensando en cosas estúpidas. Pero al verla hacer eso me di cuenta y pensé para mis adentros: «Realmente amo eso de ti». No solo porque me muestra que es considerada con otras personas, sino porque también me dan más ganas de intentarlo. Tal vez nunca seré tan bueno como ella, y eso está bien, pero realmente me encanta eso de ella. Es algo muy pequeño, pero dice mucho sobre quién es, y puedo articularlo. Hay algo de sustancia detrás de las palabras «Te amo», algo que puedo señalar que le permite saber que realmente la veo por lo que es.

Y por eso digo que el amor necesita una base y que el amor lleva tiempo. A menos que seas una persona totalmente unidimensional, necesitas aprender todo sobre alguien para amarlo. Y no es posible que puedas aprender todo sobre alguien en una cita, en una semana o incluso en un mes. En tu primera cita no ves cómo alguien maneja el estrés o la decepción. Y luego, de repente, surge el estrés y la decepción, y piensas: «Creo que no lo maneja tan bien». O tal vez lo maneja de una manera que no funciona para ti. Cuanto más aprendes sobre alguien, más puedes amarlo. Y cuanto más puedas amar de ellos, más probabilidad hay de que sea realmente amor.

4 El amor verdadero tarda lo que tenga que tardar para cada persona

Entonces, ahora que sabemos que la velocidad con la que se desarrollan tus sentimientos no importa, también podemos ver que está bien si los sentimientos entre las dos personas en la relación no siempre están totalmente alineados. Ya es bastante difícil encontrar a alguien que nos guste, así que no pongas demasiado énfasis en si uno de ustedes es más rápido con los sentimientos que el otro, si todo lo demás parece estar bien. Todos venimos de diferentes situaciones y tenemos distintas perspectivas, por lo que es normal que nuestros sentimientos crezcan a diferentes velocidades. Si sientes que tal vez los dos pueden estar más que un poco fuera de lugar a veces con el nivel de sus sentimientos, ten las agallas para verificar y comunicarte. Trata de no decepcionarte o ponerte a la defensiva si la realidad es que las cosas están bien, pero no perfectas. No conviertas lo bueno en malo solo porque las cosas no son ideales. Si sientes que a veces puedes estar más emocionado que la otra persona, solo recuerda que es posible que también tengas mucho que aprender sobre ella.

Sin embargo, sus sentimientos tienen que estar más o menos en el mismo nivel. Si una persona está realmente emocionada y la otra parece lo suficientemente aburrida como para seguir saliendo, incluso si se molestan después de cinco horas de estar en la misma habitación, entonces no creo que las cosas vayan a funcionar. (De nuestras discusiones anteriores, una de esas dos personas es un fuckboy).

5 El amor verdadero requiere entender cómo da y recibe amor tu pareja

No soy terapeuta, así que no trataré de definir el lenguaje del amor, un término con el que la mayoría de nosotros ya hemos entrado en contacto. Pero diré que el amor verdadero no se trata solo de cómo muestras amor o cómo lo recibes, se trata de asegurarte de que entiendes cómo lo hace tu pareja. Debes tener eso en cuenta y asegurarte de que sienta amor. Es tu obligación. Por eso me gusta tener cuidado de llamar «pequeñas cosas» a todo lo que alguien hace por otra persona, porque no son pequeñas. Ya sabes cómo dice la gente: «Solo quiero las pequeñas cosas».

Las pequeñas cosas pueden ser el contacto físico, comprar regalos o flores, asegurarse de que pasen tiempo de calidad juntos, incluso hacer mandados que no son necesarios. A menudo estas no son pequeñas cosas para las personas que las hacen y no deben minimizarse. Con el tiempo, si lo haces, comenzarán a sentir que no los aprecias por lo que son: una persona que le da amor a otra. Por ejemplo, no soy un gran dador de regalos y sé que mi novia no me llamaría muy romántico que digamos, pero cocino, limpio o preparo el café antes de que ella despierte. Puede que parezcan solo tareas domésticas, pero en realidad son actos de servicio, y así es como le muestro mi amor.

POR QUÉ TODOS PODRÍAN BENEFICIARSE DE TOMAR TERAPIA DE PAREJA

La terapia se ha vuelto significativamente más aceptable a lo largo de los años, lo cual es algo de verdad bueno. Por ello es natural que más parejas estén dispuestas a considerar la terapia de pareja incluso antes del matrimonio. Muchas personas piensan que si necesitan terapia ahora tal vez no sean lo bastante compatibles como para que una relación para siempre funcione. Por otro lado, muchos creen que todos podrían beneficiarse de la terapia si en realidad están abiertos a ella.

De hecho, estoy de acuerdo con ambas posiciones. Cuando estás en una relación que ya tiene problemas notoriamente tóxicos, tal vez tenga más sentido aceptar la posibilidad de que hay una mejor conexión esperándote en otro lugar.

Si quieres buscar terapia de pareja para que otra persona haga lo que tú quieres que haga, ese tampoco es el propósito. La terapia es algo muy bueno, pero tendemos a abusar o incluso a usar ciertos aspectos como armas para satisfacer nuestras propias necesidades. La terapia no es una herramienta para ser utilizada con el único propósito de obtener lo que deseas. No es una herramienta para que tu pareja cambie, vea tu punto de vista o para que ganes discusiones. Es una forma de ayudarlos a ambos a aceptar con más facilidad cómo son las cosas para que puedan navegar mejor por su realidad. Un terapeuta de pareja, suponiendo que sea bueno en su trabajo, no está ahí para tomar partido, sino para ayudarlos a ambos a encontrar puntos en común en cualquier desacuerdo dado y comunicarse de manera más efectiva en el futuro.

Cuando nos casamos, hacemos votos declarando que estaremos juntos para siempre. Si bien estos votos no impiden que las parejas finalmente se divorcien, existe una mayor motivación para buscar terapia de pareja cuando la relación se siente rota, porque dos personas que han llegado a ese nivel de compromiso quieren evitar el divorcio. En un matrimonio, dos personas en terapia juntas a menudo se enfocan más en proteger la relación que en evaluar si deberían o no continuar en ella.

Pero antes de casarnos es casi lo contrario. Cuando no le hemos prometido a nuestra pareja que estamos comprometidos con ella para siempre, pase lo que pase, podemos centrarnos en la terapia para ayudarnos a evaluar nuestra relación. En los deportes a veces dirán que la mejor defensa es un buen ataque. Así es como veo la terapia de pareja cuando se trata de dos personas que no están casadas. Si están tan felices con su relación y ven el potencial de que sea para siempre, entonces creo que la terapia puede tener un impacto muy positivo para dos personas que quieren aprender a comunicarse mejor.

No importa cuán buena sea una relación, a la larga enfrentará sus desafíos. Trabajar con un terapeuta de pareja desde el principio, antes de que haya problemas importantes, puede ayudarles a prepararse mejor para los desafíos futuros y a resolver esos problemas más rápido cuando surjan, antes de que se conviertan en algo realmente tóxico.

También es importante tener en cuenta que si una persona en la relación necesita terapia personal por cualquier motivo, la terapia de pareja no es una forma de eludir eso. Si estás saliendo con alguien que es tóxico contigo, entonces la terapia de pareja no va a arreglar la relación. Tu pareja tiene que aceptar cómo su comportamiento está afectando la relación y optar por trabajar en esos problemas de forma independiente. Una vez que se resuelven esos problemas, lo que, por cierto, a menudo lleva mucho tiempo para cualquier cambio real sostenible, entonces se debe considerar la terapia de pareja para ayudar a fortalecer la relación.

Pase lo que pase, probablemente sea mejor que descubras que tu relación no funciona antes de que salir de la relación requiera un abogado.

CÓMO INTERPRETAR LOS CELOS EN TU RELACIÓN, Y QUÉ PUEDES HACER AL RESPECTO

Los celos son algo a lo que se enfrentan todas las personas y todas las parejas. Incluso las personas y las relaciones más saludables tendrán que lidiar con los celos. Para algunos, es lo que termina una relación, o tal vez impide que realmente comience. Pero ¿de dónde vienen los celos y cómo podemos determinar si es un problema tan grave que arruinará la relación?

Nunca me he considerado una persona celosa. Ni siquiera me molesta cuando los hombres coquetean con mi novia. En lo que a mí respecta, si quieres invitarle un trago, adelante, solo estás desperdiciando tu dinero. En general soy una persona segura de sí misma, y cuando entro en una relación comprometida elijo confiar. Ese es uno de los beneficios de haber sido engañado a una edad temprana y aprender a controlar mi ego. Sí, ser engañado me lastimó y realmente lastimó mi ego, pero no me mató. Ahora sé que si alguien me engaña en el futuro es un reflejo de ellos y no de mí. Elijo confiar en mi pareja, porque de lo contrario, ¿de qué sirve?

Ahora bien, ¿eso significa que nunca he sentido celos? Por supuesto que no. Soy humano. Tengo inseguridades, y de vez en cuando una inseguridad es un detonante que me pone celoso.

Todos los celos en las relaciones son causados por las inseguridades de alguien, y hay dos tipos de inseguridades que importan en cualquier relación. Las primeras son inseguridades de nuestro pasado y las segundas son inseguridades provocadas por las acciones de nuestra pareja. Tu infancia, tu familia, tu historial de citas: hay tantas posibilidades en nuestro pasado para crear inseguridades. Cuando las personas no resuelven estas inseguridades por sí mismas o con terapia, tienden a incluirlas en sus relaciones. Y todos entramos en una relación arrastrando ciertas cosas, por lo que nadie está libre de al menos algunas inseguridades.

Luego están las acciones de nuestras parejas. Independientemente de quién seas o de la confianza que tengas, siempre hay cosas que nos harán cuestionar las intenciones de la persona con la que tienes una relación. Tal vez sea que tu pareja le pone «me gusta» a ciertas fotos de Instagram, o chatea con una persona que vemos como una amenaza potencial, o siempre llega a casa más tarde de lo que dijo que lo haría. Ninguna de estas cosas implica que tu pareja te está siendo infiel, pero todas son fácilmente capaces de desencadenar una inseguridad y hacernos sentir celos. Es posible que a una persona no le importe si a su pareja le gustan ciertas fotos en Instagram, mientras que a otra sí. Tal vez son inseguridades de tu pasado, tal vez es un tema sobre el que tienen una fuerte opinión personal, y tú no lo sabías, así que de alguna manera hiciste exactamente lo que les hace pensar que podrías estar cruzando la línea.

Por eso es importante discutir los límites y las expectativas de ambos al principio de una relación en torno a las cosas que podrían desencadenar los celos. ¿Cuáles son tus opiniones sobre ser amigos o volverse amigos de personas del sexo opuesto, y cómo esperas que sean esas amistades? ¿Qué expectativas y límites quieres tener en esta área para la relación en la que ambos dicen que quieren estar?

Lo más importante que debes recordar es que los sentimientos y expectativas de la otra persona tal vez no cambiarán mucho. Si conoces a alguien que notas que está extremadamente celoso o te dice que lo está, entonces debes saber que es probable que tenga algunas inseguridades graves. Inseguridades que no tienen nada que ver contigo, pero, aun así, tendrás que lidiar con ellas con regularidad. Incluso si eres la persona más confiable del mundo, lo más seguro es que hagas cosas que creas que son un comportamiento aceptable, y luego termines siendo confrontado por una pareja celosa.

Si eres tú quien reconoce que eres una persona celosa, te insto a que trabajes para aprender cómo abordar esas inseguridades para que no las traigas a tu próxima relación. Es probable que no haya una pareja que arregle tus problemas de celos, si se derivan de algo que experimentaste antes de que se conocieran. Claro, pueden ayudar a limitar la cantidad de esas inseguridades que se desencadenan, pero, a la larga, sucederá. Eso tiene un gran impacto en tu relación y puede crear nuevas inseguridades para tu otrora pareja segura. Es agotador considerarte digno de confianza y consciente de los sentimientos de tu pareja y, sin embargo, hacer que te cuestionen constantemente a ti y a tus motivos.

De nuevo, el mejor enfoque es ser honesto al respecto. Si te sientes un poco inseguro por algo que está haciendo tu pareja, entonces la mejor manera de abordarlo es admitir la inseguridad poco después de sentirla, pero no acusar: «Oye, ¿puedo ser sincero? Me hizo sentir un poco inseguro el que hablaras con esa chica. Percibí cierto coqueteo». Eso tiene muchas más posibilidades de ser bien recibido por tu pareja que «¿Por qué estabas coqueteando con esa chica?». Cuando tu pareja no siente que la estás acusando, sino que quieres tener una conversación sobre algo que te molesta, hay muchas más posibilidades de que pueda enfocarse en cómo evitar que vuelvas a sentirte así en el futuro siendo un poco más consciente de su comportamiento.

Pregúntale a Nick

P:

Mi prometido de cuatro años ya no dice que me quiere, pero va a terapia. ¿Debería seguir intentándolo?

R:

¿Qué es peor que un compromiso fallido? Un matrimonio fallido. Además, no conozco ningún terapeuta que pueda hacer que alguien te ame. Además... ¿te gustaría que un terapeuta fuera la razón por la que te ama?

P:

Mi novio se siente inseguro porque gano más dinero que él... ¿Qué debo hacer?

R:

Gana aún más dinero.

P:

¿Cuándo crees que es el momento apropiado para comprometerse?

R:

Cuando conoces todos sus malos hábitos, sus inseguridades y, aun así, los amas. Sí... soy consciente de la hipocresía.

Pregúntale a Nick

P:

Mi amiga engaña a su novio. No sé qué hacer porque soy amiga de ambos.

R:

No vale la pena tener amigos que no tienen integridad. Haz lo correcto.

P:

Mi prometido me engañó MUCHO y me mintió al respecto. Solo necesito un consejo.

R:

Respétate más a ti misma. Y aumenta tus expectativas.

P:

Soy extrovertida, mi novio es introvertido, ¿cómo puedo hacer que se sienta más cómodo socialmente?

R:

No debes hacerlo, debes aceptar cómo es que él se siente más cómodo.

Pregúntale a Nick

P:

Cinco palabras para describir una relación sana.

R:

Aceptación, respeto, comunicación, independencia, lealtad.

P:

Mi novio se siente inseguro por mi número de parejas sexuales. Se está convirtiendo en un gran problema. ¿Qué opinas?

R:

Probablemente no lo superará. Invierte en personas que te acepten.

P:

¿Un consejo de amor que te gustaría haber sabido en tus veintitantos?

R:

Ninguna de estas cosas significa amor: querer algo, estar celoso, tener miedo de perder, obsesionarse.

Pregúntale a Nick

P:

¿La mejor manera de navegar una relación cuando ambos tienen diferentes lenguajes de amor?

R:

No se trata de tener el mismo, se trata de comprender las diferencias para que ambos puedan querer satisfacer mutuamente las necesidades del otro.

P:

Tengo 22 y estoy saliendo con mi alma gemela. Estoy emocionada por el futuro, pero también me siento impaciente.

R:

Cada día es un nuevo día para probarse el uno al otro que lo son. Decidir que lo eres un día y no pensar que tienes que demostrarlo cada día después de eso a menudo conduce a dar por sentado al otro.

P:

¿Cómo aceptar que alguien a quien amo está demasiado asustado para salir de su infeliz relación?

R:

Si él está en otra relación, no puedes amarlo. Quieres estar con él. Puedes estar obsesionada con él, pero no es amor. El amor es algo que es correspondido. Él está demasiado ocupado haciendo malabares.

Pregúntale a Nick

P:

Quiero tener sexo con un hombre mayor casado. ¡AYUDA!

R:

Solo recuerda que cuando alguien más jode tu mundo por sus propias necesidades egoístas, eres igual que ellos.

P:

¿Cuáles son las mejores formas de reconstruir la confianza cuando tu novio te engañó?

R:

Solo hay una manera, darle tiempo. La confianza es como su historial crediticio. Rendimientos pasados indican acciones futuras.

Pregúntale a Nick

P:

Mi novio pone muchos muros cuando se trata de ser romántico. ¿Cómo puedo ayudar a derribarlos?

R:

No lo pensaría en términos de derribar muros. Las personas tienen diferentes formas de expresar el amor (lenguajes del amor). Lo primero que debe recordar es no juzgar cómo tu pareja expresa su amor. Puede que lo esté expresando y no te des cuenta porque estás buscando otra cosa. Es tan importante aprender a apreciar cómo tu pareja te muestra amor como lo es que trate de amarte de la forma en que te gusta que te amen.

P:

Me casé joven y dos años después conocí a alguien más que podría ser mi alma gemela. ¿Qué debo hacer?

R:

Probablemente sea diferente a tu esposo, lo que se siente como almas gemelas porque tiene rasgos que tu esposo no tiene y que desearías que tuviera. Tienes una experiencia limitada con otros hombres, por lo que te falta perspectiva al saber que lo más probable es que sea solo otro chico por el que eres capaz de sentirte atraída. Concéntrate en tu matrimonio hasta que quieras salir. Si quieres salir, sal. Luego, explora otras opciones. En ese orden.

Pregúntale a Nick

P:

Tengo 25 y he estado con mi novio durante siete años. Lo amo, pero la sociedad me hace cuestionar si deberíamos ver a otras personas antes del matrimonio.

R:

Ten cuidado de no culpar a la sociedad por algo que tu instinto te dice.

P:

Estoy enamorada y tengo mucho miedo de lo fácil que es ser vulnerable con él. Él es asombroso para mí.

R:

El desamor no te mata, solo parece que lo hará por un tiempo. El amor puede ser para siempre, y el desamor siempre es temporal. El riesgo vale la pena.

CAPÍTULO 8

Mudarte con tu pareja

SOLO EXISTEN DOS BUENOS MOTIVOS PARA MUDARSE JUNTOS

Dejemos claras las cosas más importantes desde el principio. En realidad solo hay dos buenas razones por las que una pareja debería mudarse y vivir juntos:

1. Están casados, están comprometidos para casarse o han hecho algún otro compromiso a largo plazo.
2. Están en una relación comprometida y ambos han decidido mutuamente que quieren mudarse porque quieren pasar el mayor tiempo posible juntos.

Antes de continuar, es muy importante que comprendas por completo la razón número dos. Presta mucha atención a las palabras que elegí. «Mutuamente», eso significa que ambos tienen que compartir exactamente el mismo entusiasmo por dar este paso. No puede haber convencimiento de una de las partes por la otra. Ningún individuo debería hacer una lista de pros y contras porque el otro no puede encontrar una razón por la que no sería increíble. Si tienes que convencer a tu pareja para que se mude, no es el momento de hacerlo. Para ser aún más claro, si cualquiera de las partes dice algo como: «Simplemente no quiero hacer esto/ no estoy listo para esto», esa es una razón válida.

Tampoco puedes convencerte a ti mismo de que es mutuo a través de argumentos de escapatoria. No puedes argumentar: «Bueno, si nos mudamos juntos, ahorraremos dinero; si ahorramos dinero, estaremos menos estresados; estar menos estresados nos hará más felices, y si somos más felices, tendremos una mejor relación, y entonces te alegrarás de haberlo hecho». No, no puedes hacer eso. Ambos realmente necesitan estar listos y emocionados.

Incluso entonces sigue siendo arriesgado porque somos tan buenos mintiéndonos a nosotros mismos que no es raro que ambas personas ignoren sus instintos y acepten la idea porque parece muy agradable o cumple con su idea de lo que debería ser una relación exitosa. Por lo tanto, si una persona tiene algunas reservas, no debe ignorarlas ni descartarlas. Si ese eres tú y estás leyendo esto y debatiendo si debes o no mudarte con tu pareja, ni siquiera necesitas terminar esta sección, ya sabes qué hacer. Eso no quiere decir que necesariamente tengan que terminar. Podrías estar en una relación en la que tus sentimientos progresan a ritmos diferentes, lo cual está bien (como se describe antes), pero debes esperar a que lleguen al mismo lugar. No puedes forzarlo.

Ahora bien, si algunos de ustedes están leyendo esto y pensando: «Mi pareja siempre encuentra una nueva razón para no mudarse, por eso siento que tengo que convencerla», entonces deberían considerar detenerse para definir su relación y analizar las cosas por las que están agradecidos y esperanzados, y prepárate para lo que pueda pasar en lugar de invertir más tiempo en tratar de convencerla de que se mude y enfadarse cuando no quiera hacerlo.

Habiendo dicho todo esto, vivir con tu pareja puede ser increíble. Si estás de verdad feliz con tu relación, es una oportunidad para maximizar el tiempo que pasas con alguien con quien amas estar. También puede ser algo muy dañino para una relación que puede ser buena en todos los demás aspectos, si sucede demasiado pronto para una o ambas personas involucradas, como un atleta que se desgarra un músculo porque hizo el máximo esfuerzo antes de calentar.

He aprendido todo esto por las malas. Llevábamos un año de relación y todo iba de maravilla. En ese momento pasábamos casi cinco noches a la semana juntos. En nuestra situación particular (yo tenía 28 años en ese momento y ella 21), yo tenía un lugar un poco más agradable por haber estado en la fuerza laboral durante seis años, y ella apenas estaba comenzando. Una vez que su contrato de arrendamiento estaba llegando a su fin, decidió que deberíamos mudarnos juntos; sentía que estaba desperdiciando dinero en el alquiler. Yo no estaba listo. Me había mudado con mi última novia por razones que, ahora me doy cuenta, fueron un intento de salvar la relación. Le expresé mis reservas a mi novia de ese entonces, pero ella lo tomó como un reflejo de cómo veía yo nuestra relación. «Nuestra relación no es como la última que tuviste, y yo no soy ella», decía. De repente una relación que había ido muy bien estaba experimentando una verdadera fricción, todo porque su contrato de arrendamiento estaba vencido. Al final se mudó conmigo y tiempo después nos separamos, lo que significa que ella tuvo que mudarse dos veces, lo cual es un resultado financiero peor que pagar por un departamento en el que ocasionalmente no duermes.

Pase lo que pase, decidir cuándo una pareja debe dar el siguiente paso puede ser confuso. Solía ser simple: se mudaban juntos una vez que se casaban. En algunos círculos ese sigue siendo el caso, pero para la mayoría de nosotros esta decisión no significa necesariamente que un compromiso sea inminente. Pasamos de tener una regla muy clara, a en apariencia no tener reglas. En el espacio de dos generaciones la despreocupación con la que las parejas decidieron convivir cambió de manera drástica. Pero lo que no ha cambiado son las dos muy buenas razones para dar ese paso.

La verdad es que cuando se aceptó mayoritariamente que una pareja se mudara antes de casarse o comprometerse, no se eliminaron las normas al respecto, sino que se confundieron. En lugar de que el matrimonio o el compromiso sean un desencadenante acordado para la cohabitación, tomar de repente esta gran decisión financiera se convirtió en un nuevo barómetro de cuán comprometida está cada persona con una relación. A veces tan solo lo llamaremos el siguiente paso lógico en una relación seria. Por eso muchas parejas cometen el error de mudarse cuando la decisión no es del todo mutua, o antes de invertir tiempo en conocerse bien.

Muy a menudo una de las partes decide qué es lo que quiere, así que empieza a presentar a su pareja todas esas otras razones por las que cree que es lo mejor para la relación, aunque la otra persona no se sienta preparada. En algunas relaciones esto se convierte en un punto de discusión. A veces dos personas deciden mudarse, pero no porque quieran pasar el mayor tiempo posible juntas.

ESTOS NO SON BUENOS MOTIVOS PARA MUDARTE CON TU PAREJA

1 Lo ves como una prueba para ver cómo sería estar casados

Pienso que la mala razón más común que la gente usa para mudarse con otra persona es que será una buena prueba para ver cómo será estar casado con esa persona. Que nunca sabrás realmente quién es alguien hasta que estés viviendo con él. Hay algo de verdad en esta lógica, pero también hay muchas mentiras. Sí, vivir con alguien antes de casarse o comprometerse puede darte una idea de cómo sería la vida con esa persona, pero ciertamente no es la única forma de conocerla mejor. Lo que vivir con alguien realmente puede decirte es cómo es una persona cuando se siente más cómoda contigo. Las personas tienden a sentirse más cómodas en su hogar, por lo que asociamos vivir con alguien como una forma de ver quién es realmente.

La manera en que tu pareja interactúa con su familia puede ser una indicación de cómo actúa cuando se siente cómoda; también lo es cómo actúa con amigos cercanos. La manera en que interactúa con sus compañeros de trabajo es otra forma de observar su comportamiento. Hay muchas maneras de conocer realmente a tu pareja, solo tienes que prestar atención. De vez en cuando tenemos mucha mala suerte y nos encontramos con un narcisista que tiene una segunda familia secreta, y no te habría ayudado mucho prestar atención, pero para el resto de nosotros hay muchas maneras de echar un vistazo a cómo podría ser la vida con alguien sin firmar un contrato de arrendamiento juntos.

También pueden pasar muuucho tiempo juntos alternando entre sus respectivos hogares, aprendiendo todos los entresijos de compartir un espacio con alguien sin hacer un compromiso financiero complejo.

2 Te agrada más que tu compañero de departamento y no te alcanza para vivir solo

Otra razón popular se centra en el dinero y la comodidad, lo que tiene sentido pues, como pareja, ya pasan la mayoría de las noches juntos en cualquiera de sus casas o departamentos. Esto sucede todo el tiempo y es un gran error. Lo que parece ser la mejor solución a corto plazo para ti puede ser la peor solución a largo plazo para la relación. Puedes estar enamorado y no estar listo para decidir colgar el póster de una película en la sala. Tal vez sea demasiado pronto en la relación para tratar de convencerte de que necesitas invertir en cortinas. No importa con quién vivas, compañero de departamento o pareja, habrá momentos en los que solo querrás que te dejen solo. No tiene nada que ver con lo enamorado que estés o no. Le pasa a todo el mundo. Entonces, ¿crees que tu relación está lista para enfrentar la realidad de que a veces se cansen el uno del otro? Cuando tratas de reemplazar a tu compañero de departamento con tu pareja corres el riesgo de convertir lo que amas en algo que, a la larga, querrás reemplazar.

3 Quieres sentar cabeza, pero tu pareja aún no te ha pedido que se casen, por lo que crees que mudarse es un buen compromiso

El vivir juntos tampoco debe usarse como una herramienta para acelerar una propuesta o una boda. Hay un dicho en las negociaciones que dice que es un trato justo si ambas partes sienten que no obtuvieron todo lo que querían. Con mayor razón, si estás tratando de negociar un compromiso, terminarás con algún tipo de resentimiento. Si tu pareja no está tan emocionada como tú por mudarse, cada compromiso en el futuro la hará sentir que está perdiendo en lugar de estar ganando. En vez de que su relación sea un recordatorio de comodidad y seguridad, comenzará a hacer que tu pareja se sienta atrapada. Entonces, ambos estarán atrapados porque firmaron un contrato de arrendamiento juntos. (Nota al margen: un compromiso tampoco debe ser una negociación).

4 Sientes que se están distanciando y mudarse juntos los obligará a enfrentar sus problemas

Sí, esto suena tan absurdo como crees, pero sucede todo el tiempo. Suele sucederles a las parejas que tuvieron una fase de luna de miel increíble al comienzo de su relación, e hicieron muchas predicciones audaces sobre lo perfectos que eran juntos. Qué lindos imaginaban que serían sus hijos. Luego comenzaron a sentir aversión por aspectos del otro, y en lugar de hablar sobre ello, tan solo lo ignoraron. Después comenzaron a entrar en pánico internamente porque sentían que la gran relación que tenían se estaba desvaneciendo, la relación que les dijeron a todos durante seis meses que era perfecta. Entonces, ¿qué hacen? Deciden que la forma de arreglarlo es tener otra fase mágica de luna de miel en la que encuentren juntos un nuevo lugar y elijan algunos muebles nuevos. Excepto que realmente no pueden enterrar sus problemas bajo un montículo de cosas emocionantes. Se mudan y luego, tres meses después, se odian, después de gastar mucho dinero en una sala nueva.

Mudarse puede ser emocionante, pero no es el comienzo de una segunda fase de luna de miel que muchas parejas esperan que sea. Si ambos están emocionados y listos para mudarse juntos, seguramente habrá muchos buenos momentos para disfrutar, pero rara vez borrarán los puntos de discordia que existían antes de la mudanza. Si tienes expectativas poco razonables sobre lo que hará la mudanza por la relación, es probable que solo haga que resolver esos problemas sea aún más difícil.

5 Estás aburrido

No te gusta lo que tienes, pero no quieres terminar. Suena terrible. Lo sé. Aun así, sucede todo el tiempo.

6 Odias decidir o incluso pelear por la casa en la que pasan más tiempo

Esto no significa que quieras más tiempo con tu pareja, significa que te gustan las cosas como son y te resistes al cambio. Mudarse no va a ayudar. Independientemente de cuánto tiempo hayan estado saliendo o en qué etapa se encuentre la relación, solo deben mudarse si ambos están igual de emocionados. Si tu pareja no está tan emocionada con la idea de mudarse, no te asustes. Escúchala, ya que tal vez vea las cosas de manera diferente. Incluso podría ser una idea más saludable esperar. No significa que estés menos enamorado que una pareja que decide que está lista para convivir, pero toma nota de este sentimiento, porque sugiere que a cada uno le gusta su espacio.

COSAS QUE DEBERÍAN HACER ANTES DE MUDARSE JUNTOS

Si existe una emoción mutua y los dos deciden dar el salto, hay algunas cosas que deben asegurarse de hacer para que su transición sea lo más fluida posible.

1 Reconocer el cambio que se avecina

No sé si esto suena obvio para algunos de ustedes o sin sentido para otros, pero creo que es un gran paso que la gente suele ignorar. No importa cuánto tiempo hayan estado durmiendo en la misma cama, decidir compartir una sola dirección es un cambio significativo. Demasiadas parejas intentan fingir que no es gran cosa por temor a tener que cuestionar su decisión. Es una tontería pensar así. El amor no está libre de conflictos. Los impactos diarios derivados de dar este paso pueden no ser significativos, pero el paso en sí es significativo para cualquier relación. El simple hecho de reconocer que puede haber cierta fricción al dar este paso contribuirá en gran medida a evitar que los pequeños problemas que surjan (espacio en el clóset, limpieza de la casa) se conviertan en problemas mayores. Ustedes dos estarán más dispuestos a discutir esos temas en lugar de tener miedo de mencionarlos por temor a que puedan terminar la relación. Cuando ignoras las cosas pequeñas, tienden a empeorar.

2 Empatizar con el otro

Este será un cambio para ambos, por lo que es muy importante considerar cómo este cambio afectará a tu pareja. ¿Tienen que renunciar a algo para hacer este cambio? No importa si es pequeño o si obtienen algo mejor a cambio. Tal vez tu novio renunció a su departamento y realmente lo amaba. Tal vez esta es una relación a larga distancia y la persona que se muda está renunciando a muchas cosas, como amigos, familiares y toda una ciudad. No importa cuán grandioso creas que será una vez que viva contigo, todo su mundo está cambiando. Ya sea un cambio grande o pequeño, simplemente reconocerlo y empatizar con tu pareja será de gran ayuda, la hará sentir más apreciada y evitará que te pongas a la defensiva si detectas tristeza por las cosas a las que renunció. Está bien que cada uno de ustedes sienta muchas emociones en torno a cambios importantes. Si ustedes dos siguieron la regla de estar mutuamente emocionados, entonces las emociones deberían ser en su mayoría positivas, pero eso no significa que no habrá momentos de tristeza por las cosas que se perdieron. Deja espacio para que tu pareja sienta sin juzgar. Al concentrarse en cómo las cosas podrían afectarlos antes de que realmente lo hagan, será mucho más fácil brindarse apoyo.

3 Hablar de los gastos

Entonces, ahora que entendemos completamente todo lo dicho hasta este punto, es seguro hablar sobre los gastos, que merecen una entrada propia. Los gastos son un gran punto de estrés para muchas relaciones, y es más fácil si comprendes que la situación de tu pareja puede ser diferente a la tuya. Es mucho más fácil hablar de los gastos cuando la única razón por la que los discutimos es porque estamos seguros de que el deseo de mudarse es mutuo, hemos reconocido que este gran paso tendrá un impacto y nos estamos enfocando en empatizar con nuestra pareja. El siguiente paso es averiguar qué hacer con todos los gastos que conlleva compartir una casa: comestibles, servicios públicos, muebles, limpieza, pedir comida para llevar, algunos de los cuales son obligatorios, otros no. Cuando hay diferentes niveles de ingresos, también tenemos diferentes hábitos de gasto.

Mucha gente diría que siempre debes dividir en partes iguales para evitar el resentimiento, pero dado que cada situación es diferente, sería tonto sugerir que solo hay una manera de hacerlo. Una persona podría estar en la facultad de derecho mientras que la otra ya tiene una exitosa carrera en ventas. Tal vez una de las partes sea maestra y la otra sea médico, y el médico sea dueño de su departamento, pero la mitad de la hipoteca sigue siendo el doble de lo que paga actualmente el maestro. Entonces, aunque no estés casado, vivirás con esta persona y no querrás comenzar sintiéndote incómodo por el dinero. Comienza por examinar la situación.

Con suerte, ya pensaste en esto cuando estabas ocupado considerando todas las formas en que esta decisión afectaría a tu pareja. Tal vez no tendría sentido insistir en dividir los gastos por la mitad si ambos se mudan al lugar costoso que uno ya pagó por su cuenta.

Recuerda, vivir juntos se trata de hacer avanzar la relación. Ese debe ser el único propósito y objetivo. Eso significa que, por el bien de la mudanza, se deben hacer compromisos razonables incluso con las decisiones financieras, antes de casarse, y cuanto más simpaticemos con nuestras parejas, más fácil será determinar qué es razonable por el bien de la relación.

4 Considerar tu tiempo a solas futuro

Todo el mundo necesita espacio de vez en cuando. Cuando no viven juntos, es fácil tener su propio tiempo en sus respectivos hogares. Debido a que mudarse a vivir juntos es un paso tan grande, muchas parejas quieren la confirmación de que tomaron la decisión correcta para que puedan tener la expectativa de que pasarán todo el tiempo juntos. Ahora que viven en el mismo lugar, a menudo estarán juntos, incluso cuando en realidad preferirían que su pareja estuviera en la otra habitación.

Por lo anterior, sean conscientes de que es totalmente normal, e incluso saludable, necesitar tu propio espacio en una relación. Prioriza tener tiempo a solas y pasatiempos personales desde el principio para evitar la fatiga que puede provenir de no tener tiempo para ti en una relación.

CAPÍTULO 9

¿Debería quedarme o irme?

CÓMO SABER CUÁNDO PONERLE FIN A UNA RELACIÓN

El mundo de las citas está lleno de personas que no se esfuerzan lo suficiente, así como de quienes no saben cuándo dejarlo ir. Ambas partes argumentarán que su método es mejor. Los que no se esfuerzan lo suficiente dirán que las relaciones no deberían ser tan difíciles. Dicen que son buenos para confiar en sus instintos y saber cuándo alejarse. Las relaciones son una inversión y parte de ser un buen inversionista es saber cuándo alejarse de una mala inversión.

Las personas que se esfuerzan demasiado dirán que preferirían esforzarse mucho para que funcione, a veces ignorando la voz en el fondo de su mente que dice que la relación ha terminado, o que es tóxica o mala. Esperan un poco más solo para asegurarse de que no se arrepientan después. No quieren cometer el error de abandonar una mala inversión demasiado pronto solo para ver a alguien más cosechar las recompensas.

Ambos lados tienen puntos válidos, y ambos argumentos corren el riesgo de equivocarse. Cuando estamos en relaciones, podemos caer en un diálogo circular. «¿Debería terminar o debería quedarme? A veces hace esto, a veces deseo aquello… me gusta de verdad, pero me pregunto si tal vez hay alguien mejor para mí».

Saber cuándo terminar una relación puede ser una decisión muy estresante. Sabes que cualquier buena relación requiere trabajo para tener éxito, por lo que primero nos diremos a nosotros mismos que debemos resolver nuestros problemas, considerar la terapia y tratar de empatizar más con nuestras parejas. Y al minuto siguiente pensaremos en lo difícil que es realmente ese trabajo y que tal vez sería más fácil seguir adelante, conscientes de que fallar y superarlo casi siempre conduce a algo mejor. O quizá ni siquiera puedas saber si tu relación es buena o mala para ti. Entonces, ¿cómo tratamos de superar todos estos sentimientos y llegar a una decisión con confianza?

Cada vez que necesito tomar decisiones importantes sobre cosas que me parecen complicadas o estresantes trato de simplificar el problema al no obsesionarme con los pequeños detalles, sino mirar el panorama general. A lo largo de los años me he dado cuenta de que una forma muy útil de determinar si la relación en la que estás vale la pena es reflexionar sobre dos sentimientos importantes: gratitud y esperanza. Calcula cuánta esperanza tienes de que las cosas cambien en la relación en comparación con cuánta gratitud tienes por lo que estás recibiendo de la relación, y también cuán importantes son las cosas a ambos lados de la lista. Esta es una excelente manera de obtener la respuesta de si debes quedarte, irte o simplemente trabajar un poco más.

La esperanza es ese sentimiento de expectativa y deseo de que algo suceda. La esperanza puede ser una gran cosa. Me acuerdo de una cita de Andy Dufresne en *Sueño de fuga*, aunque no estoy totalmente de acuerdo con ella: «La esperanza es algo bueno, tal vez lo mejor de todo. Y las cosas buenas nunca mueren». Es cierto que la esperanza es algo bueno. A veces puede ser un salvavidas. Sin embargo, como la mayoría de nuestras emociones y sentimientos, necesita ser consciente de la realidad para no convertirse en algo tóxico. Si la esperanza de nuestra relación nunca se convierte en la realidad de nuestra relación, eso es un problema.

Cuando las personas están en una relación siempre hablamos de nuestras esperanzas: cosas que desearíamos poder cambiar o comportamientos que podríamos corregir. Ya sabes: «Espero que mi novio haga esto», «Espero que mi novia haga esto». A veces ni siquiera decimos la palabra «espero», pero damos a entender que tenemos la esperanza de que algo cambie. «Si mi pareja me prestara un poco más de atención, o no se enojara tan fácilmente...».

La esperanza no es el sentimiento que quieres que domine tu estado mental mientras estás en una relación. Solo hay que fijarse en la definición de la palabra para entender por qué: «Un sentimiento de expectativa y deseo de que suceda cierta cosa». Es una expectativa de algo que no tienes, pero quieres. Si te encuentras con frecuencia esperando cuando estás en una relación, estás reconociendo lo que no tienes. Suena simple y obvio, pero muchos de nosotros nos aferramos a las relaciones con ciertas expectativas, sin reconocer que se trata de cosas que no estamos obteniendo actualmente.

La esperanza tiene un sentimiento muy positivo detrás de ella. Es optimista e inspiradora. Sin embargo, es un indicador de un deseo insatisfecho. Respecto a la esperanza también hay que pensar en que tiene una implicación de lo desconocido. Podría pasar, ¿verdad? No lo sabes, pero en las relaciones a menudo sabemos más de lo que admitimos. Sabemos cómo actúa nuestra pareja en ciertas situaciones. Sabemos cómo reacciona ante la decepción o la ira. Hemos experimentado lo que la motiva y lo que la desanima. Sabemos todas estas cosas, así que cuando se trata de la esperanza en las relaciones, es mucho más probable que tengamos toda la información que necesitamos sobre algo, y la esperanza que tenemos se debe tan solo a que no queremos aceptar la realidad de la situación tal como es.

La gratitud es sentirse agradecido por lo que alguien te ha dado cuando no espera nada a cambio. También digo que es la cualidad de estar agradecido; la disposición para mostrar aprecio y devolver bondad. La gratitud, a diferencia de la esperanza, te ayuda a ver lo que tienes, aquello por lo que ya estás agradecido. Esto realmente ayuda a poner las cosas importantes e insustituibles en perspectiva. Estar agradecido por alguien o algo que solo quiere mostrar su aprecio, sin pedir nada a cambio, puede ser un indicador de cuán importante es algo para ti.

Cualquier cosa por la que asegures estar agradecido debe ser algo que significa mucho para ti. Y que será más difícil de encontrar con cualquier otra persona, porque en general es complicado encontrar cosas por las que estamos verdaderamente agradecidos. Como si estás agradecido por lo mucho que te sientes como una prioridad para ellos, o de que presten atención a cómo recibes amor y se desvivan por hacerte sentir bien. «Estoy agradecido de que tengamos los mismos valores. Estoy agradecido de que nos hagamos sentir seguros y amados. Estoy agradecido de que nos comuniquemos de manera efectiva para resolver un conflicto».

Quizá en este punto te estés preguntando en qué se diferencia enumerar las cosas por las que estás agradecido de enumerar los pros y los contras. Creo que enumerar las cosas por las que estás agradecido es mucho más esclarecedor que una lista de pros y contras. Si te das cuenta de que ha sido realmente difícil escribir la lista de gratitud, eso también puede poner tu relación en perspectiva. O si ha sido fácil, eso puede aportar claridad.

Una vez que enumeres las cosas que esperas cambiar y aquellas por las que estás agradecido, es cuando comienzas a evaluar la importancia de cada una. En una relación la esperanza debería ser principalmente por cambiar manías, no aspectos no negociables. Deben ser cosas que deseas, pero sin las que puedes vivir. Las cosas por las que estás agradecido deben ser las cosas que más valoras.

Por ejemplo, esperar que se vuelvan menos desordenados es bueno, pero tal vez no sea tan importante como esperar que dejen de gritarte cuando están enojados. O estar agradecido de que les gusten los mismos programas de televisión que a ti podría no ser tan importante como estar agradecido de que te hagan sentir lo suficientemente seguro como para ser tú mismo. Pase lo que pase, recuerda que las cosas por las que tienes esperanza actúan como un reconocimiento de lo que no tienes y que te gustaría tener, y realmente no deberías esperar demasiadas cosas en una relación, incluso si son solo manías. Permanecer en una relación en la que pasas mucho tiempo esperando que sucedan muchas cosas no es algo bueno.

Pensar en las prioridades es otra forma de evaluar este tipo de sentimientos. Debes ser una prioridad para la persona con la que estás en una relación real. No deberías ser su única prioridad, pero tampoco deberías estar al final de todo lo demás: su familia, su trabajo, sus amigos y sus pasatiempos.

Dependiendo de dónde te encuentres en tu vida, tus prioridades pueden cambiar; por ejemplo, las cosas pueden verse diferentes cuando tienes 20 años y estás acabando la carrera con grandes aspiraciones y sueños profesionales, en comparación con cuando tienes 32 y estás más establecido. A veces tienes que reconocer que eres una de las tres prioridades más importantes para tu pareja, y eso está bien. Tienes que asegurarte de permitir que tu pareja se concentre en algunas de esas otras prioridades que no son tú, pero de la misma manera también debes asegurarte de que esa persona tenga una cantidad adecuada de atención para ti.

Disfruto haciendo cosas agradables y cuidando a las personas que amo. Disfruto haciéndolos una prioridad. Disfruto renunciar a las cosas que me gustan para hacerlos felices… Por supuesto, ni siquiera yo quiero hacer eso todo el tiempo. Amar a alguien no significa que tenga que renunciar a todos tus objetivos e intereses. A veces es como decir: «Tengo que hacer esto, amor», o «voy a pasar un rato con un amigo o mi familia». Pero siempre está presente el reconocimiento de mi pareja cuando hago eso; ella sabe que es una prioridad. El problema es que algunas personas simplemente no tienen ese equilibrio, o tal vez no han pensado en cómo expresarlo, o quizá, y esto es realmente lo que debes tener en cuenta, simplemente no están interesadas en convertirte en una prioridad en absoluto.

Una última cosa: si decides terminar la relación, entonces es un buen momento para tener esperanza. Esperanza cuando estés soltero. Esperanza cuando tienes el corazón roto. Hay tanto que se desconoce en esos momentos, pero tantos motivos para tener esperanza. Tener esperanza te levantará cuando estés deprimido, te motivará a aprender de tus errores y te permitirá ser más paciente cuando te sientas desanimado por no obtener lo que quieres cuando lo quieres.

AMOR SANO *VERSUS* AMOR TÓXICO

Como acabamos de establecer, una relación buena y saludable tendrá más cosas por las que estás agradecido y menos que esperas cambiar. Una relación saludable se trata realmente de tener a alguien que te ame por lo que eres, te haga una prioridad y te aliente a querer que seas una mejor persona. Se trata de encontrar a alguien que te acepte tal como eres, pero que también te haga responsable de tus defectos, pero con delicadeza, empatía y paciencia.

«El amor es paciente y el amor es bondadoso», es el comienzo del versículo bíblico que se usa a menudo en las bodas, y creo que eso es el amor. Es paciente, es amable, pero también responsabiliza a las personas, que es cuando necesitas empatía.

Quieres apreciar a alguien por lo que es, pero eso no significa que dejes que sea un imbécil contigo. No implica que llegues a ser un patán con ellos cuando están en su mejor momento. No significa que puedas ridiculizarlos o menospreciarlos. Se trata de tener paciencia con ellos, aceptar sus defectos, no tener que cambiar cada detalle o asegurarse de que sean perfectos. Y cuando realmente lo hacen, debes tener paciencia, delicadeza y empatía para considerar por qué podrían haber hecho lo que hicieron. Y viceversa.

También creo que una de las partes más importantes de una relación saludable realmente se reduce a cómo te comunicas. ¿Cómo luchas, cómo superas el estrés? ¿Estás tratando de ganar? ¿Estás tratando de ser feliz? ¿Estás tratando de estar en la misma página? ¿Estás tratando de ser la persona justa, la que tiene la razón? ¿Respetas a tu pareja o pones los ojos en blanco cuando habla? Porque ¿de qué sirve estar enamorado si no se respetan? ¿Se apoyan mutuamente o son competitivos entre sí? ¿Cómo te expresas cuando sientes que no te reconoce, no empatiza o no te escucha, y cómo responde a eso? En las relaciones sanas no se gana ni se pierde cuando se trata de peleas. No obtienes ningún punto en una relación haciendo que tu pareja diga: «Tienes razón. Me equivoqué». Realmente no deberías sentirte satisfecho por tener razón.

Además, como mencioné antes, una de las partes más importantes de una relación real es comprender que nuestras inseguridades y vulnerabilidades no son necesariamente imperfecciones, sino que constituyen lo que somos. No quiero sonar demasiado cursi, pero una de las mejores cosas de estar en una relación real es poder compartir esto y que el otro te acepte. Recuerdo que alguien me escribió en Instagram para preguntarme: «¿Qué es lo que más te gusta de Natalie?». Y le respondí: «No sé qué es lo que más me gusta, pero una de las muchas cosas que me gustan es que puedo compartirle mis inseguridades, me ayuda a lidiar con ellas y nunca me hace sentir juzgado». Y qué sentimiento tan agradable para tener en una relación. ¿No es eso realmente lo que todos estamos buscando?

Te conté antes sobre cómo me da una patadita si interrumpo a la gente. Gasté mucha energía tratando de arreglarlo por mi cuenta, pero no fue hasta que estuve dispuesto a ser vulnerable con ella que llegué a alguna parte. Fue cuando finalmente me sentí lo bastante cómodo para reconocerlo ante Natalie, y ella se sintió tan cómoda como para reconocer que lo notaba, y luego me ayudó a trabajar en ello. Creo que muchas veces, cuando le revelas algo a tu pareja, casi esperas que no sea honesta. Esperas que diga: «¿En serio? Nooo. No me di cuenta de eso en absoluto».

Pero cuando le dije a Natalie: «Tengo la mala costumbre de interrumpir a la gente», ella dijo: «Sí, lo sé». Eso puede ser difícil de escuchar a veces. «Se suponía que me dirías que no es gran cosa». Pero ¿qué tan útil es eso? Es algo que hago. Soy consciente de ello. Sé que lo hago. Y que ella reconozca eso, y aun así no hiera mis sentimientos, y no me juzgue, sino que diga «Trabajemos juntos en esto», o algo similar, es increíble.

Soy reacio a definir demasiado el amor tóxico porque vivimos en un mundo en el que todos les queremos poner etiquetas a las cosas: engaño, narcisismo, comportamiento tóxico. Creo que es peligroso porque estamos aplicando estos términos a nuestros amigos y relaciones y no somos terapeutas ni expertos. Siendo realistas, todos hemos sido, entre comillas, tóxicos, incluso en nuestras relaciones más sanas. Siempre habrá momentos en los que tendrás que disculparte diciendo: «Lo siento, exageré. No sé por qué estaba así», y luego reconocer que, en ese momento por el que te estás disculpando, fuiste tóxico para tu pareja. Pero creo que lo principal es el patrón más amplio: depende de lo que obtengas de esa relación o de cómo te sientas la mayoría de los días.

Tampoco creo que exista el amor tóxico, yo lo llamo estimulación tóxica, tan solo pensamos que es amor. Es algo, pero en definitiva no es amor. Y nos quedamos atrapados en estas situaciones principalmente porque tenemos miedo de estar solos. A menudo también nos vemos envueltos en situaciones que son dramáticas porque no son aburridas. Como mencioné en la sección sobre citas, muchas personas todavía están tratando de encontrar el tipo de «pasión» que se muestra de manera tan prominente en películas como *Diario de una pasión*, excepto que el único problema es que el amor que vimos ahí era muuuy tóxico. En caso de que lo hayas olvidado, Noah amenazó con suicidarse si Ali no tenía una cita con él. Películas (y libros) como este presentan la lucha contra cualquier incompatibilidad que tengas como pasión.

También sabemos que el cerebro literalmente prefiere el dolor al aburrimiento. A menudo elegiremos situaciones que sabemos que son malas en lugar de sentirnos solos o sin esperanza. Se han realizado estudios sobre la elección del dolor frente al aburrimiento. Hay un experimento simple que puedes ver en

YouTube: llevaron a las personas a una habitación pequeña con nada más que una silla y un botón, sin teléfono, sin libros, sin nada. Inmediatamente después, dejaron a las personas solas y les dijeron: «Los vamos a dejar aquí por 30 minutos. Ahí está el botón: presiónenlo, no lo presionen, no nos importa lo que hagan». El botón les provocaba una descarga eléctrica en el dedo, como una fuerte picadura de abeja. Doloroso, pero no potencialmente mortal. Sabían que habría una consecuencia dolorosa al presionar el botón. En menos de dos minutos, casi todos habían presionado el botón. Los investigadores les preguntaron: «¿Por qué apretaron el botón? Sabían que iba a doler». Y muchos de ellos respondieron: «No sé, solo estaba aburrido».

No sé si eso es útil, pero aquí hay otra manera de pensar en una relación tóxica: si estás en una relación que te pone más triste que feliz, o más ansioso que contento, te sientes más roto que amado, y has agotado todas las formas saludables de tratar de arreglarlo, entonces estás en una relación tóxica. Es hora de dejar de convencerte de que tu situación actual sigue siendo mejor que las incertidumbres de la soltería. Tienes que hacer cumplir ese límite, y en este caso, hacer cumplir ese límite significa alejarse.

EL MITO DEL TIEMPO PERDIDO

Una de las razones comunes por las que la gente no quiere terminar una relación a largo plazo es la idea de perder el tiempo. Si vamos a terminar, ¿por qué invertí tanto tiempo? ¿Cómo puedo alejarme cuando ya he pasado tanto tiempo en esto? Todo se desperdiciará. Esto también se conoce como falacia del costo irrecuperable.

Esto incluso sucedió en una temporada reciente de *Bachelor in Paradise*. De acuerdo, solo dura tres semanas y todo es hiperbólico y se intensifica en ese mundo, pero la chica dijo algo como «Si él rompe conmigo, todo lo que hemos pasado será en vano».

Es decir, esta es una chica que está hablando de una experiencia de tres semanas, y mientras expresa su temor de que no funcione, lo primero que le viene a la mente no son las cosas específicas que podría perder si pierde a esta persona, sino el tiempo que ha invertido en la relación.

La gente tiene que dejar de pensar que cualquier parte de una relación es un desperdicio. Esa mentalidad mantiene a las personas atrapadas en malas relaciones porque entonces esos cuatro años completos fueron una pérdida de tiempo si terminan en una ruptura. En su lugar, deberías pensar: «Oye, he tenido buenos momentos durante los últimos cuatro años y estoy agradecido por eso. Siempre estaré agradecido por esos años y no me arrepiento. Me acabo de dar cuenta de que no es lo que quiero para el resto de mi vida. Aun así, no voy a sentarme aquí y pensar que fueron cuatro años desperdiciados, porque esa era mi vida y no voy a lamentarlo».

Incluso si algunas partes fueron difíciles, no tengas miedo de reconocer lo que superaste, date unas palmaditas en la espalda, siéntete orgulloso por el esfuerzo que hiciste, especialmente si lograste salir de una relación tóxica o si te engañaron y conseguiste sobrevivir. De hecho, puedes estar orgulloso.

Solo piénsalo: después de que pasa un tiempo desde que una relación terminó, nunca miras atrás y te arrepientes de esos años. Por lo general es lo contrario: recuerdas lo bueno que hiciste, los lugares a los que fuiste, lo que aprendiste, y sabes que esa persona fue parte de tu vida y te ayudó a llegar al lugar en el que estás ahora. No serías quien eres sin ella.

La realidad es que he tenido algunas rupturas muy difíciles y he pensado todas estas cosas yo mismo: «Desperdicié esto y aquello». Pero ahora que están en el pasado, las historias que fueron más difíciles para mí, que causaron más lágrimas y más dolor, son las que me hacen sonreír. Y no solo porque he superado el dolor. Ahora tengo una novia a la que amo, y en lugar de pensar en esos años como perdidos, los valoro como parte del viaje que me llevó a donde estoy hoy.

Me gusta mi vida. Me gusta dónde estoy ahora. Incluso puedo reírme de mí mismo, de lo impotente que me sentí después de una ruptura, o de cómo se sintió como el fin del mundo. Pero claramente no fue el fin del mundo, he tenido muchos buenos momentos desde entonces que no habría tenido si me hubiera quedado.

Mi abuela tenía razón: ahora tengo la perspectiva para mirar hacia atrás y saber que los malos tiempos hicieron posibles los buenos, no fueron un desperdicio.

Le he dicho esto a mucha gente a lo largo de los años: el miedo a perder el tiempo no es una excusa válida para permanecer en una relación. He hecho un par de episodios de seguimiento sobre personas a las que les di ese consejo. Por lo general, lo que sucede es que dicen cosas como «Nunca lo pensé así, pero es verdad», o a veces se resisten, pero se nota que saben que tal vez tengo razón. ¿Y luego? Nunca toman el consejo al principio, pero pasan tres meses más y, al final, llegan a su punto de quiebre y ahí es cuando dicen: «Hice lo que me aconsejaste que hiciera y ha sido realmente útil. Mi vida cambió. Ponerle fin hizo espacio para que lleguen cosas nuevas y buenas».

INTERNET NO DEBERÍA SER TU TERAPEUTA

La mayoría argumentaría que la información y el conocimiento son algunas de las herramientas más poderosas que podrías tener para protegerte. Ser capaz de comprender cualquier situación en la que te encuentres aumenta drásticamente tu capacidad para lidiar con ella y, con suerte, superarla. Y no hay mayor espacio para la información sobre citas que internet. En esencia es interminable. Literalmente (casi). Excepto que el problema con internet es que no toda la información que contiene es verdadera o confiable: es el salvaje oeste sin vigilancia. La mayoría de ustedes ha escuchado el dicho «Si buscas problemas, los encontrarás». Bueno, internet funciona de la misma manera. Lo que sea que estés buscando, es casi seguro que esté a un par de clics de distancia. Si quieres que alguien esté de acuerdo contigo, no hay problema: búscalo en internet, es un océano de sesgo de confirmación. Quizá estés buscando una opinión alternativa a la tuya. Fácil, internet también lo tiene.

Todos nos hemos referido a la red como una madriguera de conejo porque cuando nos obsesionamos con algo internet nos ayuda a alimentar esa obsesión. Cuando estamos tristes, heridos y desconsolados somos vulnerables. Cuando somos vulnerables buscamos cualquier creencia que podría hacernos sentir mejor, e internet a menudo es un lugar donde buscamos consuelo. Excepto que no hay ningún conejo al final de internet, es un lobo con piel de oveja porque juega con nuestras obsesiones y nos atasca en la mentalidad en la que estábamos cuando buscábamos comodidad. Estar atascado es lo opuesto a lo que quieres si esperas empezar el camino de la curación de cualquier trauma o angustia con la que estés lidiando.

Por ejemplo, una mujer llamó a mi programa y contó una historia sobre una vez que conoció a un chico en un bar; ambos habían estado bebiendo y, finalmente, terminaron en su casa y tuvieron relaciones sexuales. Describió lo atento que era este chico, lo elogioso que era con ella. Pasó la noche y el día siguiente con el chico del que no sabía nada. Continuó siendo encantador y sugirió que pasaran todo el día juntos viendo películas y pasando el rato, hasta que el día terminó y las cosas comenzaron a ponerse incómodas, ya que la realidad de que seguían siendo completos extraños se estableció. Finalmente, él la llevó a casa con la ropa que llevaba puesta la noche anterior. Cuando la dejó, dijo algo vago como «Deberíamos salir de nuevo» o «hablamos pronto». Nunca se volvieron a ver.

Cuando me contó esta historia la mujer usaba el término «bombardeo de amor» para describir el comportamiento de este chico de ser demasiado afectuoso con ella durante su romance de 12 horas. Hizo eso porque internet le dijo que el bombardeo de amor se da cuando alguien muestra demasiado afecto demasiado pronto, solo para que sus sentimientos cambien. Claro, fue reconfortante escuchar cómo el extraño la había manipulado con bombardeos de amor, pero saber eso ciertamente no la estaba ayudando a evitar que le sucediera de nuevo.

La realidad fue que conoció a un extraño, tomó unas copas con él y luego esos dos extraños terminaron teniendo sexo. Estaba disfrutando el momento tanto como él, y decidió que era más divertido abrazar ese momento que preguntarse cómo se sentiría una vez que terminara. Se despertaron a la mañana siguiente desnudos en la cama, sin saber mucho más que sus nombres. Eso es muy incómodo, y a veces, cuando nos emocionamos o nos sentimos incómodos, lo compensamos en exceso: «¡Pareces ser alguien genial, veamos películas todo el día!».

Eso es lo que hicieron estos dos. Luego pasó el día y se dieron cuenta de que todavía eran extraños. Se trataba de una mujer inteligente que sabe que cuando un extraño dice palabras encantadoras que la mayoría de los extraños no diría, no hay razón para pensar que aquello significaba algo más que estar atrapado en el momento. Excepto que su ego lo vio de manera diferente. Su ego le estaba susurrando: «Por supuesto que él ya sabe lo increíble que eres, porque es verdad. No importa que no sepan nada el uno del otro». Y allí estaba internet para gritar: «¡ÉL TE ESTABA BOMBARDEANDO DE AMOR!». En lugar de enfrentarse a la realidad de la situación y buscar la verdad, podía achacar toda la responsabilidad de su decepción a un defecto de este hombre.

Ahora, si estás pensando «Fue solo una aventura de una noche, yo nunca haría eso, y si lo hiciera, no creería cualquier cosa que la otra persona me dijera», puede ser cierto, pero si somos honestos con nosotros mismos, tal vez haya muchos momentos en los que nuestras entrañas nos dijeron que algo andaba mal, pero elegimos la emoción de que nuestros egos posiblemente fueran validados por encima del miedo de ser defraudados y lastimados.

Internet se ha convertido en una herramienta que simplemente le muestra a tu ego lo que quiere, en lugar de lo que podrías necesitar. Toma la definición de formas reales de manipulación dañina, como *gaslighting* o bombardeo de amor, las desmantela y las vuelve a empaquetar en algo que puedas usar para mantener tu ira y obsesión sobre lo que sea que pueda estar lastimándote.

Eso es lo contrario de lo que haría un buen terapeuta. Están ahí para ayudarte a navegar tus pensamientos y hacerte responsable de tus acciones, para que la próxima vez que te encuentres atrapado en el momento no seas tan vulnerable a las palabras y acciones de alguien que estuvo atrapado en ese momento contigo. Y si te encuentras en una situación realmente peligrosa en la que se están produciendo engaños reales, bombardeos amorosos y otras formas de manipulación, ellos pueden identificarlo de manera adecuada y ayudarte para que adquieras las herramientas y la fuerza para salir de esa situación.

Gran parte de este libro se trata de controlar lo que puedes controlar sobre tus propias elecciones, porque no puedes controlar a otras personas. A internet no le importa si estás controlando lo que puedes controlar, solo alimenta tu obsesión. Puede hacer que muchas personas que son vulnerables se obsesionen con la persona que las lastimó, en lugar de enfocar esa energía en lo que puede ayudarlas a sanar. Tu energía es tu poder, y cada vez que enfocas tu energía en alguien que no te ama ni se preocupa por ti, estás cediendo tu poder porque no estás obteniendo nada a cambio.

Así que ten cuidado al desplazarte por TikTok e Instagram cuando te sientas vulnerable o busques respuestas (tal vez sería bueno leer la sección sobre cuándo no preguntar «por qué»). Es mucho más probable que si te metes en la madriguera del conejo, te obsesiones más con una persona o situación de la que necesitas alejarte, en lugar de que te ayude a preguntarte qué podrías haber hecho de otra manera. Puede ser un gran lugar para encontrar una comunidad y no sentirte solo, pero no puedes reemplazar los beneficios de un profesional de la salud mental capacitado, si es que lo necesitas.

Además, los *coaches* de citas o de vida y los anfitriones de pódcast como yo tampoco somos tus terapeutas. No pienses que lo que tenemos para ofrecerte es un reemplazo adecuado o una alternativa más económica que trabajar con un terapeuta capacitado. Es decir, obviamente, sígueme en TikTok y suscríbete a The Viall Files, ya que creo que lo encontrarás entretenido y útil, ¡pero no es un reemplazo para la terapia real!

Pregúntale a Nick

P:

Soy adicta a acechar cibernéticamente a mi basurienta exnovia. ¿Qué pasa conmigo?

R:

En el fondo te sientes inseguro de que ella tenga algo que tú no. Pero eso está solo en tu cabeza. Le estás dando un poder que no desea ni pide.

P:

Un tipo rompió conmigo y está actuando como un idiota. ¿Qué debo hacer?

R:

Normalmente elimino de mi vida a las personas que no me respetan.

P:

Acabo de terminar con un chico que no era adecuado para mí, pero lo extraño. ¿Algún consejo?

R:

Echas de menos tener a alguien. No a él.

Pregúntale a Nick

P:

Mi novio rompió conmigo después de tres años. ¿Podemos ser amigos?

R:

No quieres ser su amiga... quieres que sea tu novio, pero rompió contigo, así que te conformas con la segunda mejor opción porque tienes miedo de dejarlo ir y no puedes imaginar la vida sin él. No lo quieres como amigo. Los amigos hablan sobre su vida sexual. ¿Es eso lo que quieres? ¿Oír sobre su vida sexual con otra persona? Déjalo ir... cuanto antes lo aceptes, antes sanarás.

P:

¿Está mal elegir dejar un matrimonio por el amor de tu vida?

R:

¿Cómo llamabas a tu esposo cuando te casaste con él? Si quieres divorciarte, hazlo... algunas relaciones terminan... pero no puedes hacer que suene mejor de lo que es.

Pregúntale a Nick

P:

¿Por qué mi ex me sigue enviando mensajes y fotos, pero luego dice que está demasiado ocupado para tener una relación?

R:

No quiere que sigas adelante porque es egoísta. Probablemente era así en la relación. Supongo que no te has preguntado qué necesitas o qué has estado obteniendo de esta relación durante mucho tiempo.

P:

Ambas partes acordamos que las primeras citas fueron geniales, pero de pronto la otra persona cambió radicalmente de opinión. ¿Por qué?

R:

Cambió de opinión. Unas cuantas citas no dicen mucho.

Pregúntale a Nick

P:

Dice que puedo ser yo misma, pero no puedo hacer cosas que él desaprueba. ¿Qué opinas?

R:

En primer lugar, no tiene el poder de permitirte hacer nada a menos que se lo des. Él tiene derecho a pedirte que respetes un límite que él tenga, y tú tienes derecho a rechazarlo. Si sus límites te impiden ser tú misma, entonces probablemente sean tan compatibles como piensas.

P:

Estoy harto de sentirme como un plan de respaldo para su aburrimiento y soledad. ¿Algún consejo?

R:

Tú controlas con quién pasas tu tiempo, no ellos.

P:

Llevo cuatro años cortando y regresando con la misma persona. Siempre gravitamos el uno hacia el otro. ¿Por qué?

R:

Porque ambos quieren encontrar a alguien mejor, pero tienen demasiado miedo de estar solos el tiempo suficiente para lograrlo.

Pregúntale a Nick

P:

Mi novio ha estado *sexteando* con otras chicas. Nunca me ha engañado físicamente y quiero quedarme con él. ¿Algún consejo?

R:

Cuando pones excusas para justificar el comportamiento de otra persona que impacta negativamente en tu felicidad, el único consejo que puedo ofrecerte es... Acostúmbrate a la decepción.

P:

El chico con el que he estado durante dos años quiere un trío y se enojó cuando dije que no. ¿Algún consejo?

R:

¡Termina con él!

P:

Mi novio habla con chicas en Snapchat, pero dice que solo envía fotos del suelo para mantener su racha.

R:

Si crees eso, tengo algunos frijoles mágicos que quiero venderte.

Pregúntale a Nick

P:

Mi exnovio tiene una novia nueva, pidió verme, las cosas se pusieron íntimas y me dijo: «Te amo». Después me bloqueó. ¿Qué piensas?

R:

Cuando comiences a respetar tus propios sentimientos te preguntarás menos acerca de las personas que no te respetan.

P:

Un tipo me dijo que no está listo para tener citas; pensaba que lo estaba, pero no. Quiere que seamos amigos. ¿Qué piensas?

R:

¿Es mejor ser amiga de personas con las que no estás interesada en tener sexo?

CAPÍTULO 10

Superar a alguien

MI PRIMERA NOVIA: LA HISTORIA COMPLETA

Así que estás desconsolado. En primer lugar, siento que estés sufriendo. Es una sensación tan dolorosa, esa sensación de que te oprimen tanto el corazón que te duele constantemente. La ansiedad te consume… La única razón por la que duermes es por el puro agotamiento de tu corazón que duele todo el día. Luego te despiertas y, por una fracción de segundo, te sientes normal, solo para recordar de inmediato lo roto que está tu corazón. Puedes sentir que la ansiedad comienza a llenar todo tu cuerpo de la cabeza a los pies.

He hecho referencia a mi desamor a lo largo de este libro, pero ya que este capítulo se trata de cómo puedes superar a esa persona que te rompió el corazón, y es muy probable que tengas miedo de que no sea posible, tal vez sea importante que sepas que sé exactamente cómo te sientes. No cuento muchas historias personales, pero les voy a contar la historia completa sobre mi primera novia, mi primer amor, y toda la angustia que padecí por ella. Esta historia lo tiene todo, un encuentro lindo, *ghosting*, múltiples angustias y un casi algo, todo en siete años.

Comienza cuando yo tenía 18 años. Acababa de graduarme de la preparatoria y en el otoño iría a la Universidad de Wisconsin. Nunca había tenido una relación real y seria, y estaba entusiasmado con todas las personas y chicas nuevas que podría conocer en la universidad. Si eres del área de Milwaukee, como yo, conoces Summerfest, un festival musical de 10 días que se lleva a cabo justo antes del 4 de julio.

Para cualquier adolescente, Summerfest fue la primera prueba de lo que era estar en un bar. Mis amigos y yo estábamos asombrados de cuántas chicas lindas andaban por los jardines. Terminamos conociendo a dos, y al instante me sentí atraído por una de ellas. Se burló de mi cabello con puntas decoloradas, así que, naturalmente, me entusiasmé de inmediato con ella. Después, uno de mis amigos empezó a impacientarse y me dijo que quería volver a deambular por los terrenos para conocer más chicas, así que nos fuimos, pero poco después dije en voz alta: «¿Por qué dejamos a esas dos chicas?». Mi otro amigo estuvo de acuerdo, así que nos dimos la vuelta y comenzamos a buscar a las dos que acabábamos de dejar. Con un enfoque láser, las buscamos por todas partes durante al menos una hora. Finalmente, nos dimos por vencidos, vimos el final de uno de los espectáculos y luego corrimos al autobús para regresar. Crecí en las afueras de la ciudad, y para ayudar a las personas que vivían en los alrededores a desplazarse el festival había organizado autobuses que llevaban y traían a la gente al recinto.

Nos sentamos cerca de la parte delantera del autobús y los únicos asientos libres que quedaban eran los que estaban justo enfrente de nosotros. El autobús cerró las puertas y justo cuando empezábamos a salir alguien golpeó la puerta y rogó que lo dejaran subir. ¡Allí estaban, las dos chicas que pasamos toda la noche buscando! Se sentaron en esos asientos disponibles justo enfrente de nosotros, y pasamos todo el viaje de 30 minutos en autobús de regreso a casa charlando. Sarah y yo tuvimos nuestra primera cita unos días después y comenzó lo que terminaría siendo una montaña rusa de siete años.

Como podrás imaginar, nos encantaba contar esa historia a cualquiera que nos preguntara cómo nos conocimos. Por supuesto, nos dijimos a nosotros mismos que era porque el destino quería que sucediera. Sería una de las muchas cosas con las que me obsesionaría más tarde tratando de entender por qué nos encontraríamos de esa manera si el destino no quería que termináramos juntos cada vez que rompía conmigo.

Ese otoño fuimos a universidades separadas con una hora de diferencia. Pasé casi todo mi tiempo libre hablando con ella por teléfono o mensajería instantánea de AOL, y yendo a casa a visitarla todos los fines de semana. No me perdí un solo fin de semana: todos los viernes contaba los minutos hasta que terminara mi última clase para poder subirme al autobús para verla. Cada vez que la veía me emocionaba, y todos los domingos temía despedirme.

Nuestra primera ruptura ocurrió al comienzo del segundo semestre de nuestro primer año. Me dijo que simplemente no sentía lo que era ser ella misma y que si algún día nos casábamos no sabría cómo sería haber salido con otra persona.

Ten en cuenta que ambos teníamos 18 años en ese momento y ese era un sentimiento muy racional y normal sobre una relación joven que avanzó muy rápido. Además, todo lo que escuché fue «Casados un día», así que sabía que tenía que esperar a que ella reflexionara. Tengo dos padres maravillosos que todavía están enamorados y que se conocieron cuando tenían poco más de 20 años. Me enseñaron la importancia del amor y cómo tienes que resolver los problemas. Deseaba mucho un amor como el de ellos. Había invertido todo mi primer año de universidad en ella, por lo que la idea de que pudiera terminar así de fácil no tenía cabida en mí. Todo lo que sabía sobre el amor cuando tenía 18 años era que era especial y que tenías que luchar por él.

No hablamos durante un mes que se sintió como un año. Me hice amigo de una chica de mi clase de álgebra que era de la costa este y, al final, me di cuenta de que tal vez estaba enamorada de mí, pero estaba demasiado ocupado contándole obsesivamente mi angustia y tratando de descubrir cómo podría haber esperanza. Mi ex por fin me llamó y pidió verme. Ni siquiera pretendí hacerme el difícil, solo la quería de vuelta y no me importaba si era lo correcto. Volvimos.

La segunda ruptura ocurrió al final de mi segundo año, después de que ella me visitara una noche. Hice todo el asunto de los pétalos de rosa, música romántica y planeé lo que pensé que sería una noche increíble. Se fue a la mañana siguiente, y luego, simplemente desapareció. ¡Por completo! No respondía mis llamadas, mensajes de voz, mensajes de texto o correos electrónicos.

Era como si hubiera desaparecido. Le envié un correo electrónico a su hermana para que me respondiera y al final contestó un par de semanas después, reconociendo mi angustia, pero me dijo que era mejor que siguiera adelante.

Estaba destrozado, para mí se sentía como si ella hubiera muerto. En realidad nunca rompió conmigo, solo desapareció. Luego, alrededor de un mes después de su desaparición, respondió a uno de mis correos electrónicos y me dijo que había conocido a otra persona y que necesitaba seguir adelante. Todavía recuerdo haber leído ese correo y lo verdaderamente destruido que me sentí. Para todas las personas que dicen que les hicieron *ghosting* cuando alguien desaparece después de una cita, confíen en mí cuando digo que no tienen idea de lo horrible que puede ser.

Mientras salíamos, ella siempre me decía lo flaco que estaba, así que durante mi luto por su pérdida comencé a levantar pesas. A mediados del segundo semestre de mi segundo año estaba comenzando a avanzar lentamente, pero estaba lejos de superarlo. Salí con unos amigos un viernes por la noche y, por primera vez desde nuestra ruptura, comencé a coquetear con otras chicas en una fiesta y conecté con una en particular. Me sentí bastante bien y todos regresamos a la casa de mi amigo. La chica y yo estábamos besándonos en una de las habitaciones hasta que llamaron a la puerta, mi amigo entró y dijo: «Tienes una llamada de Sarah». Hasta el día de hoy, no tengo idea si fue solo una coincidencia que ella llamara minutos después de que finalmente tuve las agallas para besar a alguien más. Para mí se sentía como si hubiera regresado de entre los muertos. Hablamos y ella me preguntó si podíamos vernos. Sin dudarlo dije que sí.

Cuando nos encontramos unos días después, comentó lo grandes que se habían vuelto mis brazos y, por supuesto, volvimos a estar juntos. Al menos esa vez le expresé lo doloroso que era que simplemente desapareciera, pero nunca hubo dudas sobre si la aceptaría o no. Solo hice las preguntas suficientes para poder justificarme a mí mismo que no era una presa fácil.

Esa vez salimos durante aproximadamente un año y medio. A la larga, me transferí a otra universidad donde estaban algunos de mis amigos más cercanos y mi hermana. Me dije que esa era la razón por la que me estaba transfiriendo, pero en el fondo sabía que era para estar más cerca de ella.

En mi cuarto año de universidad obtuve una pasantía en Miller Brewing. Estaba muy orgulloso porque solo yo y otra chica de Wisconsin formamos parte del programa de pasantías. Todos los demás eran del resto del país. Una de las otras becarias era una chica de Texas, y era la primera que me había mirado de la misma manera que mi ex. Realmente me sorprendió lo mucho que me gustaba. Unas semanas después de la pasantía de verano, rompí con mi primera novia para no sentirme culpable por coquetear con mi compañera de trabajo de Texas. Ella estaba devastada y yo me sentía mal, pero tal vez había una parte de mí que seguía pensando: «Tú me hiciste lo mismo».

Al final del verano la otra chica se fue y, por supuesto, volví con mi primera novia. Alrededor de un año después pensé que las cosas en realidad iban bien entre nosotros. Estaba a punto de graduarme de la universidad, conseguí mi primer trabajo real y estaba completamente listo para comenzar mi vida con ella. Entonces un día volvió a romper conmigo. Al menos esta vez tuvo la decencia de romper de la manera adecuada.

Una vez más estaba devastado. Esa ruptura fue en realidad la más dolorosa. Se sintió más real y dura. Llamaba a mi mamá todas las mañanas para hablar de eso. Me aferré al dolor como una insignia de honor. Iba con regularidad a la iglesia por la mañana antes del trabajo para encender una vela, sentarme y orar por mi corazón roto y tenerla de vuelta en mi vida. Realmente me hice sufrir tanto que comencé a perder el cabello y a mis amigos, porque solo no lo dejaba pasar. Incluso me convencí de que quería cambiar mi carrera a maestro porque su abuelo había sido maestro y ella lo admiraba.

La parte jodida de eso fue que funcionó. Ella había estado saliendo con otra persona, pero después de enterarse de que yo estaba pensando en cambiar de carrera, volvió a aparecer en mi vida, en parte porque consideró que el no poder superarla era una señal de mi lealtad y mi amor por ella. Salimos durante un par de meses y luego volvió a romper conmigo.

Esta vez lo manejé mucho mejor, ya que al fin me di cuenta de lo loco que se estaba volviendo todo eso. Aun así, ese periodo comenzó lo que terminaría siendo una situación que duró un año y medio donde ella saldría conmigo y con el otro chico con el que había estado saliendo durante la ruptura más reciente. Me tomó un año entero darme cuenta de que era una tontería, y justo cuando estaba a punto de detenerlo ella estaba lista para volver a estar conmigo.

Luego, un año y medio después, conocí a la mujer que se convertiría en mi segunda novia seria, y finalmente rompí con la primera para siempre. La novia número dos se convirtió en la novia número dos al día siguiente y, en verdad, siempre recuerdo sentir que nunca había superado por completo a mi primera novia seria hasta que la segunda me engañó un año y medio después.

Incluso mientras cuento esa historia ahora soy muy consciente de lo loco que suena todo, pero mi esperanza es que te haga confiar en que puedo relacionarme mucho con tu dolor. No estoy seguro de lo que piensas de mí o de ella. La verdad es que ambos jugamos un papel en todo lo que pasó. Cuando mi corazón estaba roto, nunca me tomé el tiempo de mirar la relación y nuestras acciones para determinar si eso era saludable para mí, solo me concentré en mi dolor y lo usé para justificar mi obsesión por recuperarla. Me negué a aceptar que necesitaba seguir adelante. Si alguien me hubiera cuestionado en ese momento, tan solo le habría dicho que no entendía el amor.

Al final de esos siete años no había ni buenos ni malos. Ambos cometimos errores. Éramos dos jóvenes que queríamos sentir amor, pero también tratábamos de experimentar el mundo al mismo tiempo, sin las agallas ni la madurez para enfrentarlo de la manera correcta. Perdí muchos momentos, amigos y experiencias porque me negué incluso a intentar seguir adelante, pero mi recuerdo perdurable de ella es el de alguien con un corazón increíble y que amaba a las personas que le importaban. Nos enseñamos mutuamente algunas lecciones muy valiosas de la manera más difícil posible. Por todo el dolor que me causó esa relación, siempre tendrá un lugar especial en mi corazón. No pienso mucho en ello, pero si lo hago me hace sonreír. Gran parte de lo que hablo en relación con el amor y las citas proviene de todos los errores que cometí en cuanto a cómo internalicé mis sentimientos al crecer a través de esa relación.

Así que ahora que has leído sobre todas las veces que obsesivamente me concentré en volver a estar con mi primera novia sin importar sus acciones o si la relación era saludable, espero que sientas que este capítulo no viene de un lugar de juicio. Cuando estamos afuera observando el final de la relación de otra persona es muy fácil para todos decir cosas como «No te merecen». O «Bloquéalos» o «No les desees feliz cumpleaños».

Quienquiera que sea que esté leyendo este libro, estoy seguro de que hay muchas diferencias entre tú y yo. Diferencias en las que quizá no podamos relacionarnos, pero creo que todos podemos relacionarnos con el amor y la angustia. Es increíble, de verdad, porque no importa quién seas, a quién ames o de dónde seas, el amor es universal. Así que cuando la pérdida del amor es lo que te rompe todo el mundo puede identificarse con eso.

DEJA DE DARTE DÍAS DE TRAMPA

Dicen que el primer paso para superar una adicción es admitir que tienes un problema. Incluso una vez que reconocemos que tenemos un problema, abandonar ese hábito puede ser todo un reto. Si de verdad quieres superar a un ex, deja de darte días de trampa.

Es difícil renunciar a las cosas que queremos pero que ya no podemos tener porque sabemos que no son buenas para nosotros.

Cosas como beber, fumar, el azúcar, las drogas y los fuckboys. Todo eso se puede disfrutar en pequeñas dosis, claro. Cuando tenemos la capacidad de limitar la cantidad que usamos en un momento dado, podemos disfrutarlos con pocos o ningún efecto secundario negativo. Lo que pasa con estos vicios es que todos aceptamos que estas cosas pueden ser dañinas si se abusa de ellas. Si nos mentimos acerca de cómo nos afectan estas cosas, entonces no estamos siendo honestos con nosotros mismos acerca de nuestra incapacidad para controlar cuánto las usamos.

También podemos ser adictos a los ex. Lo que hace que los ex sean aún más peligrosos es que somos adictos a ellos y ni siquiera nos damos cuenta de que son dañinos. De hecho, pensamos en ellos como algo que nos hará sentir mejor, no solo a corto sino también a largo plazo.

Con las otras cosas que acabo de mencionar, alcohol, tabaco, azúcar, drogas, fuckboys, al menos somos conscientes de que pueden ser perjudiciales para nosotros. También sabemos que tienen un impacto negativo en nuestra salud física, mental y emocional si los disfrutamos demasiado de una vez o durante largos periodos. Cuando nos entregamos a ellos, aceptamos que hay una compensación, queremos el placer a corto plazo, aunque sabemos que vendrá después algún tipo de resaca, inflamación o sensación de mierda.

Cuando se trata de los ex, a menudo nos cegamos ante la realidad de que son tan tóxicos para nuestro bienestar como emborracharnos con tequila. A veces los ex son tóxicos porque siempre han sido tóxicos para nosotros, incluso antes de ser ex. Manipulan, ridiculizan, hacen *gaslighting* y siempre, de una forma u otra, nos hacen sentir patéticos. Siempre han tenido el mismo impacto en nuestro bienestar que una bolsa de Skittles. Eres adicto a su dulzura, que viene en forma de placer a corto plazo seguido del inevitable desastre, porque nada de lo que hicieron por ti fue realmente desinteresado.

A veces las cosas que solían ser buenas para nosotros se estropean. Tal vez tu ex solía ser realmente bueno para ti. Hubo un tiempo en que te dio cosas valiosas, te ayudaba a sentirte mejor y, en general, era bueno para tu salud, como las verduras, pero las verduras pueden pudrirse y cubrirse de bacterias que nos enfermarán si las comemos. No importa cuán saludables solían ser las verduras, ahora son solo un potencial dolor de estómago. Lo malo de los ex que solían ser buenos, pero que se volvieron malos, es que no siempre es fácil darse cuenta de que han expirado. Sería como si las verduras solo se pudrieran por dentro y no te dieras cuenta del cambio en esos primeros bocados, pero la bacteria dentro de la verdura aún te enfermaría. Si supiéramos que la verdura nos está haciendo sentir mal, dejaríamos de comerla y la tiraríamos. Tenemos que hacer lo mismo con los ex. Tenemos que tirarlos cuando nos causan más daño que bien.

Es hora de dejar de romantizar cómo te hizo sentir la relación en el pasado y comenzar a ser honesto sobre cómo te hace sentir la relación en el presente. Tristeza, vulnerabilidad, inseguridad y soledad no deberían ser los sentimientos que una persona nos provoca la mayor parte del tiempo. Cuando esos sentimientos existen con mucha más frecuencia y con más consistencia que el amor, la seguridad y la confianza, es hora de comenzar a concentrarse en cómo se superará esta adicción.

Ya aceptaste la idea de que esa persona ya no es saludable para ti, pero eso no significa que la adicción de tu corazón o cuerpo a ellos haya desaparecido. Como cualquier adicción, necesitamos hacer que nuestro cuerpo no dependa de la solución que proviene de tener a este ex cerca. Cuanto más intensa sea la adicción, más difícil será al principio, más síntomas de abstinencia experimentaremos. Es muy importante no ceder al dolor de no tenerlo cerca, porque eso solo retrasará el proceso de curación.

Muchas personas que se enfrentan al desamor se preguntan cuánto tiempo pasará antes de que se curen. Nos preguntamos constantemente cuándo finalmente sentiremos que lo hemos «superado». Tenemos que aceptar el hecho de que el ex simplemente no es saludable para nosotros a largo plazo. Lo que hace que la angustia sea más difícil de superar es cometer el error de decirnos a nosotros mismos que no lo es.

QUERERLOS DE VUELTA ES LO VERDADERAMENTE TÓXICO

Lo que pasa con el desamor es que puede hacernos sentir que no sobreviviremos, aunque siempre lo haremos. Cuando sientes que no sobrevivirás, entras en una especie de modo de lucha o huida para tratar de eliminar ese dolor que crees que te matará. Cuando nos sentimos desconsolados, todos deseamos poder huir de nuestros sentimientos y hacer que desaparezcan, pero eso no sucede, por lo que nuestro ego y nuestros instintos toman el control y tratamos de luchar. Nos enfocamos en tratar de luchar para recuperar lo que teníamos.

Ya he hablado sobre el papel de tu ego en este libro, y no hay nada más desencadenante para tu ego que alguien a quien amas decida que ya no quiere estar contigo o, peor aún, que elija a otra persona en lugar de a ti. Cuando tu corazón se está rompiendo, todo lo que tu ego quiere es arreglar cualquier sentimiento que lo haga sentir menos. No está preocupado por lo que te costará hacer que desaparezca, porque tu ego piensa que se ocupará de ese costo más tarde.

Parte de esto es que después de una ruptura no nos sentimos como nosotros mismos, porque de repente sentimos estos vacíos, una pérdida de los sentimientos de seguridad, comodidad y estabilidad que alguna vez tuvimos, y del vacío durante el tiempo que solíamos pasar con esa persona. Así que también luchamos para llenar estos dolorosos vacíos lo más rápido posible. Tu ego está trabajando a toda marcha tratando de convencerse a sí mismo, y a ti, de que tiene el poder de arreglarlo todo. Por eso dejas de darte los mismos consejos que le darías a cualquier otra persona en tu posición.

Un ejemplo de cómo nuestro ego se hace cargo es cuando mi primera novia me hizo *ghosting*. Entre muchos de los sentimientos que sentí entonces, además del dolor, estaba la vergüenza. Ni siquiera había oído hablar del *ghosting* en ese entonces, realmente ni siquiera imaginé que fuera algo que le pudiera pasar a cualquiera, y mucho menos a mí. Entonces, cuando finalmente apareció en mi vida y se disculpó, mi ego estaba satisfecho, porque dijo que era su culpa, lo que hizo que no fuera mi culpa a los ojos de mi ego. Podríamos volver a estar juntos y fingir que nunca sucedió, que nuestro amor mutuo haría que todos olvidaran lo que ella hizo, y mi dolor y vergüenza desaparecerían.

¿Recuerdas cuando dije que tu ego se ocuparía del costo más tarde? Bueno, la forma en que el ego generalmente lidia con ese costo es recordarle constantemente a la pareja que eligió el dolor. Tu ego convertirá tu dolor en una especie de factura, a menudo en forma de recordatorios, ataques e insultos que intentará lanzar a tu pareja cuando lo crea conveniente.

Cuando nos enfrentamos a un corazón roto, muchos de nosotros hacemos increíbles ejercicios mentales para convencernos de que nuestra situación es diferente y que puede funcionar si las cosas vuelven a ser como antes, sin importar lo mucho que esa persona nos haya lastimado. ¿Por qué? ¿Qué sucede cuando nuestro corazón está roto y eso nos convierte en las mismas personas que juzgaríamos si estuvieran en nuestra situación?

Les decimos a otros «Eres un tonto si lo aceptas de vuelta». Pero cuando se trata de las personas que nos rompieron el corazón, decimos: «Si realmente nos amamos, podemos superar cualquier cosa, y yo realmente lo amo». Suena muy romántico, pero es una mentalidad muy peligrosa porque a menudo se convierte en pase de salida de la cárcel para las personas que están en una relación y lastiman a sus parejas, y a menudo causa problemas en la relación más adelante.

Ya sea que nos engañen, nos hagan *ghosting* o que nuestros ex simplemente hayan decidido que con otra persona tendrán algo mejor, es importante responsabilizarlos. ¿Cómo cuidaron de tu corazón después de que se los confiaste? A menudo la única forma de hacerlo es confiar en que sobrevivirás al dolor que te causaron y comenzar a invertir en personas que no tienen un historial de romperte el corazón.

BLOQUÉALOS

Una cosa que debes hacer es bloquearlos de tu vida, lo que va en ambos sentidos. Sé honesto contigo mismo acerca de eliminar su capacidad de tener acceso a ti, y tu capacidad de tener acceso a ellos. Siempre podemos encontrar formas de tener acceso, y eso nos mete en problemas. Estamos inmersos en las redes sociales: no te sirve de mucho bloquearlos en Instagram si todavía eres su amigo en Snapchat o puedes ver el Venmo de tu ex. Entonces debes bloquearlos en todas las aplicaciones, dejar de seguirlos, eliminarlos de tu teléfono. Muy a menudo, cuando hacemos cosas como esta, no lo hacemos por nosotros mismos, lo hacemos para que nuestro ex se dé cuenta, razón por la cual no los bloqueamos o eliminamos por completo.

En general, creo firmemente en ser muy liberal con el bloqueo, ya que bloquear a alguien por el bien de tu salud mental está bien. Después de una ruptura, todo se trata de ti y de cuidarte. Pero la regla de oro del bloqueo es que nunca debes bloquear a alguien por una reacción. Bloquear a alguien en las redes sociales nunca debe usarse como una herramienta para obtener una respuesta o para provocar a otra persona.

Por lo demás, no hay límite sobre a quién debes bloquear: la única razón y justificación que necesitas es que crees que es bueno para tu salud mental no ver lo que están haciendo o controlar tus inhibiciones cuando estás tratando de proteger tu salud mental, cuando estás tratando de seguir adelante, cuando estás tratando de no pensar en ellos o ser provocado por ellos. Si ese es el caso, entonces bloquéalos.

DEJA DE DESEARLE FELIZ CUMPLEAÑOS A TU EX

Las personas buscan todo tipo de razones para no seguir adelante, y los cumpleaños son una de las mayores excusas que usamos para hablar con un ex. Nos encanta convencernos de que estamos siendo desinteresados, que solo se trata de su cumpleaños y el deseo de ser una persona más madura y simplemente desearles lo mejor. Excepto que lo que en verdad quieres es una razón para hablarles sin que sea obvio que quieres hablarles. No importa si eres tú a quien le rompieron el corazón o si fuiste tú quien rompió un corazón, las rupturas son difíciles y confusas para ambas partes. Si eres tú con quien rompieron, a menudo te sientes como si no hubiera un cierre. A veces tenemos la suerte de aceptarlo de inmediato, que es lo mejor, pero la mayoría quiere respuestas que pensamos que de alguna manera suavizarán la verdad de que esta persona que amamos o amábamos simplemente ya no quiere estar con nosotros. No obtienes un cierre si la persona que ya no quiere estar contigo encuentra nuevas formas de explicarte por qué no ve un futuro contigo. Eso no es cierre, eso es tortura. El cierre proviene de la aceptación, lo que lleva tiempo. Mientras tanto, deja de convencerte de que solo quieres ser amable y simplemente desearle un feliz cumpleaños a tu ex.

Si tú eres el que se quedó con el corazón roto, antes de decidir ponerte en contacto para desearle un feliz cumpleaños a alguien, debes saber que, seguramente, eso empeorará su día, no que lo mejorará. Lo más probable es que ya hayan tenido muchas conversaciones difíciles contigo y que también se sientan mal, por lo que recibir tu mensaje de texto solo los hará sentir peor al obligarlos a tomarse un tiempo durante su cumpleaños para asegurarse nuevamente de que estés bien. Eso es en el mejor de los casos, suponiendo que todavía se preocupan lo suficiente por tus sentimientos como para dejar de disfrutar lo que están haciendo para cuidarte. Solo sé que no les gustará.

Si contestan, lo hacen por culpa, no por amor. ¿Y si están seguros de su decisión y, a pesar de tu tristeza, saben que es lo mejor para los dos? Bueno, entonces, simplemente no les importará. Es probable que solo se molesten por la inconveniencia de que intentes alegrarles el día con la relación en la que ya no quieren estar, así que hazte un favor y no lo hagas. Ahora bien, en la pequeña y remota posibilidad de que esta persona se esté cuestionando su decisión de terminar la relación contigo, no hay forma más fácil de que haga balance de ese sentimiento que el hecho de que no reconozcas su día porque rompió contigo; tú has decidido seguir adelante porque sabes que estarás bien.

También he recibido esta clase de mensajes en mi propio cumpleaños, y te diré, sinceramente, que el sentimiento fue de incomodidad o de indiferencia. He tenido personas que me han escrito y diciendo: «Oye, quiero comunicarme con mi ex, por favor detenme». Y les digo algo como «Cuando tu ex lea ese mensaje tuyo, se molestará, lo encontrará inconveniente, o tendrá cualquier cantidad de reacciones negativas». Les digo que no obtendrán la reacción que quieren y que si su ex quisiera hablar con ellos, lo haría. Entonces, si quieres recordarles que les pareces molesto, adelante, ponte en contacto.

Ahora, si fuiste tú quien le rompió el corazón a alguien y estás pensando en comunicarte para desearle un feliz cumpleaños a la persona a la que dejaste, debes detenerte ahora mismo. No puedes usar su día para aparecer en su vida. No estás siendo amable, solo les estás recordando que no quieres estar con ellos y les estás dando falsas esperanzas. En ese breve momento en que reciben una notificación tuya, antes de leer el mensaje, quieren escuchar que los extrañas, que te arrepientes de tu decisión. Luego leen: «¡Feliz cumpleaños, espero que tengas un gran día!», así que todo lo que has hecho en su día es reforzarles y recordarles que eres bueno. Entonces, ahora, en lugar de hacer todo lo posible por «tener un gran día», pasarán el resto del día pensando en tu maldito recordatorio de que no los quieres.

Si estás cuestionando tu decisión de terminar la relación, tampoco es una justificación para ponerte en contacto. Si realmente respetas a esa persona, esperarás. Piensa de verdad en tu decisión de irte. ¿Por qué volver a estar juntos ahora? Piensa en por qué terminaron las cosas y si realmente estás dispuesto a trabajar para sanar la relación. Y si estás dispuesto a esforzarte y decides volver, y te quieren de vuelta, te perdonarán por no desearles un feliz cumpleaños. Ese es el menor de tus problemas.

En caso de que no sea obvio, esto no es exclusivo de los cumpleaños. Lo mismo ocurre con otras festividades e incluso con el fallecimiento de un ser querido. Eres su ex, ya no eres parte de su vida. Si deseas darle un giro positivo, el hecho de que esta relación haya sido significativa es la razón por la que no debes comunicarte. No era un amigo casual, no era un compañero de trabajo, era alguien por quien te preocupabas profundamente. Entonces, cuando te comunicas en un día significativo, cuando los sentimientos aún no se han resuelto, estás tratando esa relación como si no fuera más que una relación casual. Dale a esa relación el respeto que se merece y simplemente déjala ir, porque era demasiado especial para convertirla en algo casual con solo oprimir «enviar». El hecho de que la relación haya terminado no significa que no haya sido especial o que no tendrá un lugar en tu corazón, simplemente significa que se acabó y que necesitas tiempo para sanar.

Una vez alguien me preguntó cómo podía devolverle a su ex los 500 dólares que le debía después de que el ex bloqueó su número de teléfono y lo bloqueó en todas las redes sociales. Es genial querer pagar tus deudas, pero estás tratando de darle dinero a alguien que ni siquiera se preocupó lo suficiente como para pedirlo. Puedes vivir sin la sudadera con capucha que dejaste en su casa. No necesitas la sartén que le prestaste. Hay una sensación de libertad en dejar ir todas esas cosas y empezar de nuevo. Son solo excusas para comunicarse porque aún tienes que aceptar que es hora de seguir adelante.

Debes saber que yo también he estado ahí: recuerdo que pasaba mucho tiempo, cuando estaba atravesando alguna ruptura difícil de joven, pensando en esos cumpleaños. Cuando llegaban esos días y quería hablar con ellas, era porque simplemente no las había soltado. Realmente no tenía nada que ver con su cumpleaños, ahora me doy cuenta, solo quería ser parte de su día, porque quería ser parte de su vida y quería que ellas fueran parte de la mía. Pero una vez que te distancias un poco y realmente los superas, ya no lo haces: nadie se acerca al ex con quien rompió hace cinco años para desearle feliz cumpleaños.

NO, NO PUEDES SEGUIR SIENDO AMIGO DE TU EX

Muchos de nosotros nos decimos: «Quiero seguir siendo amigo de mi ex». Ese es tu ego hablando. Tal vez tu ego no quiera soltarse y admitir que esa persona ya no es parte de tu vida, y seguir siendo amigos parece una alternativa aceptable, o una excusa para mantenerlo en tu vida. O tal vez tu ego quiere que te sientas especial: eres lo suficientemente maduro y sofisticado como para seguir siendo amigo de un ex. Pero pregúntate: «si en el futuro me caso con otra persona, ¿invitaré a ese ex a mi boda? ¿Al bautismo de nuestro hijo? ¿Les hablaría de sexo o de cualquiera de las otras cosas de las que hablo con mis amigos reales?». La mayoría de las veces, la respuesta es no. No conviertas el permanecer como amigos en una excusa para no seguir adelante.

ES MOMENTO DE DEJAR DE PREGUNTAR POR QUÉ

Internet está lleno de palabras de moda para referirse al mal comportamiento que puede llevarte fácilmente a caer por la madriguera del conejo mientras tratas de entender por qué una persona te hizo lo que te hizo. Creo que es más poderoso reflexionar sobre todas las veces que elegiste mirar hacia otro lado con esta misma persona, cuando tu instinto te decía que alguien estaba equivocado.

Sí, esa persona te lastimó y ese sentimiento es horrible, pero si eres honesto contigo mismo, estoy seguro de que hubo al menos algunos momentos en los que pensaste que algo andaba mal. Como mencioné anteriormente, en lugar de preguntar antes por qué, es decir, hacer a esa persona unas cuantas preguntas más para averiguar por qué algo se sintió mal, elegiste ignorarlo todo por miedo a que la verdad te hiriera.

Así que no preguntes por qué lo hicieron, pregunta por qué no le prestaste atención a tu instinto. Eso no excusa ninguna cosa mala que te hayan hecho, y no hay nada de malo en que inviertas más energía en una relación que quieres que funcione, solo estoy tratando de ayudarte a aprender a reconocer tus comportamientos para el futuro. Esta relación no era lo que te merecías, y preguntarte por qué terminó solo le da más de tu energía y tu poder. ¡Así que detente!

BONUS: SEIS CONSEJOS MÁS PARA UNA RUPTURA AMOROSA

Hace un par de años escribí un artículo para la revista femenina *Bustle* sobre formas de superar a un ex. Sigo pensando que son buenos consejos para cualquiera:

1. **Desahógate, un poco.**
   Ya sea que escribas una carta o tengas esa última conversación con tu ex, expresar lo que sientes puede ayudarte a seguir adelante. Pero NO te desahogues como un medio para recuperarlo.

2. **Miente, un poco.**
   Es normal sentirse deprimido, pero dejar que todos lo sepan durante meses no te ayudará a superarlo. Cuando la gente te pregunte cómo te va, responde: «Muy bien», y dilo como si realmente lo sintieras. Convéncete de que lo dices en serio. (Además, apuesto a que tu vida realmente no es tan mala como parece).

3. **Deja de recordar cuánto amabas hacer tal o cual cosa con tu ex.**
   Es natural estar nostálgico pero, honestamente, tu ex no es el único al que le encanta ver Netflix. Si vas a recordar algo, comienza con lo que te molestaba y con lo no negociable y que probablemente tolerabas.

4. Si todo lo demás falla, ve tu versión de *Cómo sobrevivir a mi ex.* Si hay una película que me hace reír sin parar, es esta, y la risa también te ayuda a poner todo en perspectiva.

5. **Concéntrate en ti mismo.**
   Aprovecha tu nuevo tiempo libre para hacer algo por ti mismo: ponte en forma o toma la clase de la que siempre hablaste. La recompensa son nuevas experiencias y crecimiento personal.

6. **No te apresures a tener citas.**
   Cuando no estás listo, nada te hace retroceder más que una cita terrible que te permite glorificar con facilidad tu relación pasada. Tal vez te sientas listo cuando estés realmente preparado para disfrutarlo.

ALGUNAS RAZONES HONESTAS POR LAS QUE TU EX REALMENTE ESTÁ DE VUELTA QUE NO SON TAN ROMÁNTICAS COMO QUIERES CREER

Siempre empiezo esta discusión diciendo: «Voy a decir algo y te lo vas a tomar a mal, pero piensa en esto como una advertencia: ¿Esa persona que rompió contigo? Volverá».

Y si acabas de pasar por una ruptura, tal vez te estés emocionando al escuchar esto, pero no lo digo para que te emociones, lo digo como una advertencia, para que puedas aprender a decir que no cuando regrese. Después, puedes darte palmaditas en la espalda, porque no es fácil, y cada vez que superes algo difícil debes darte crédito por haberlo hecho. Es igual que cuando vas al supermercado y decides no comprar esa caja de Oreos. Piensas: «No compré esas Oreos. Me alegro de no comerlas, bien por mí. Estoy orgulloso de mí mismo».

Como siempre, hay excepciones a cada regla. La muerte y los impuestos siguen siendo las únicas cosas que tienen un cien por ciento de garantía de suceder, y es posible que tú seas esa persona cuyo ex regrese, comprarás las Oreos y tendrás un final de cuento de hadas. Pero quiero que seas escéptico y tomes en cuenta mis advertencias, al menos al principio. Hay muchas cosas en las relaciones que es más probable que sucedan, y un ex que regresa por malas razones es una de ellas. Así que siento que es importante que las personas se preparen con anticipación para aceptar la verdad sobre por qué alguien que rompió con nosotros quiere volver a nuestra vida.

La parte más difícil de que un ex vuelva a aparecer es cuando estás emocionado de saber de él. Si lo superas, te será indiferente, no te importará ese acercamiento repentino, incluso podrías sentir un poco de lástima porque tú ya encontraste la paz que te da saber que hay algo mejor para ti ahí fuera, y él aún no lo ha visto por sí mismo.

PERO, POR DESGRACIA, ESO NO ES LO QUE NORMALMENTE SUCEDE

La mayoría tenemos egos insufribles y la idea de que alguien, cualquiera, pueda llegar a estar en nuestra vida, se siente bien. Nos hace sentir especiales, aunque eso sea un poco tóxico de nuestra parte. Es decir, ¿cuántos de ustedes que están leyendo esto han pensado alguna vez, en medio de un momento de mucho dolor: «No me importa cómo suceda, solo lo quiero de vuelta»?

Así que, a pesar de obtener lo que queríamos y la esperanza y la emoción que conlleva, una vez más tengo la responsabilidad de ser el pesimista y asegurarme de que todos entiendan los motivos detrás de las acciones de su ex, el porqué, para que puedan tomar una decisión saludable y más informada sobre si realmente deben recuperarlo. No estoy aquí para decirte si deberías o no volver a estar con él, solo quiero asegurarme de que veas todas las piezas con claridad.

Antes de entrar en la lista de razones, asegurémonos de que tenemos algo claro: estamos hablando de la persona que te dejó, quería que la relación contigo terminara. Independientemente de la razón, se fue. Incluso si dijo que era algo mutuo, sabe que tomó la decisión de no tenerte en su vida, en lugar de seguir creciendo juntos. Llegó a la conclusión de que su vida sería mejor sin esta relación, y sin ti. No significa que nunca disfrutó realmente lo que tenía contigo, o que no te amaba, o que no lo dijo en serio en el momento en que habló sobre su futuro contigo, pero en cierto momento llegó a sentir que alguien o algo más podría darle una vida más satisfactoria que la que tenía contigo. ¿De acuerdo? Perfecto.

Ahora está de vuelta y aunque, en el fondo, has aceptado (con suerte) que la relación terminó, el hecho de que haya regresado realmente te está jodiendo un poco. Estás emocionado, pero preocupado. Esto es lo que has soñado desde que rompieron, pero a pesar de tu emoción, tienes dudas sobre su sinceridad. Quieres claridad. Deseas que tenga buenas respuestas a tus preguntas para que puedas permitirte abrazar la emoción. ¿Cuál es la verdadera razón por la que está de vuelta?

Está impaciente. Impaciente por encontrar a alguien nuevo o alguien que se adapte mejor a él. No sé ustedes, pero cuando me di cuenta de los motivos por los que mi ex había vuelto, vaya que me pareció decepcionante. Me pareció indigno del tipo de razón dramática que quería para algo que era tan importante en mi vida y tenía que ver con mi felicidad. Lamentablemente, esa es la verdad. La razón por la que regresó es probablemente porque solo no tuvo la paciencia para esperar a esa otra persona que creía que se merecía cuando rompió contigo.

No nos gusta esperar, ninguno de nosotros lo hace. Algunas personas son mejores esperando que otras, pero eso no significa que les guste. Simplemente son mejores para controlar su impulso de gratificación instantánea. Aceptan la incomodidad de la espera para disfrutar de la emoción que llegarán a sentir más tarde. Muchos de nosotros no somos tan buenos en eso. Una vez que comenzamos a esperar, empezamos a negociar con nosotros mismos: ¿vale la pena la recompensa que creemos que obtendremos esperando, si decimos «a la mierda», y seguimos con lo que estábamos haciendo antes de ponernos en fila?

Cuando las personas deciden dejar una relación, lo hacen porque creen que hay algo mejor ahí fuera. A veces es por razones obvias, como darnos cuenta de que nuestra pareja es infiel, cuando la fidelidad no es negociable. Otras veces hay algo en nuestras entrañas que nos dice que es hora de seguir adelante. Tal vez los compromisos que hicieron en la relación no son tan saludables como querían creer al principio, o podrían estar generalmente satisfechos con su situación actual, pero aun así pensar que podrían mejorar. A menudo esos sentimientos provienen de alguien que tiene un historial de citas muy limitado. Pueden estar en su primera o segunda relación comprometida, y se dan cuenta de que es posible que haya una mejor pareja para ellos que la que tienen. Puede ser simplemente que no estén en un buen lugar emocionalmente y no pueden estar disponibles, o tienen un trabajo que priorizan sobre ti. Cualquiera que sea la razón, su intuición les dijo que había algo mejor allá afuera, y nuestras intuiciones a menudo tienen razón.

Entonces, ¿por qué el ex que confiaba en sus instintos vuelve a aparecer en nuestra vida cuando alguna vez creyó tan firmemente que había algo mejor? Como todos sabemos, las citas son difíciles, complicadas y frustrantes. Nunca consideró que las citas toman tiempo, o la posibilidad de que sus expectativas de soltería no se alineen con la realidad. La novedad de ser soltero tiene una forma de enmascarar las verrugas que existen en el mundo de las citas. El tiempo dedicado a las citas es como una lámpara realmente brillante que nos permite reconocer las verrugas por lo que son. Por eso comenzamos a comparar nuestras verrugas actuales con las que solíamos tener.

Esto es lo que está pasando con tu ex. Cuando sus expectativas no se alinean con su realidad, tiende a entrar en pánico, experimenta dudas sobre sí mismo, cuestiona sus elecciones. Eso no significa que estaba equivocado sobre el problema que pensaba que tenía, pero sí significa que a menudo busca la solución equivocada en lugar de darse cuenta de que la mayoría de las veces la solución tarda en presentarse, y a menudo mucho más tiempo del que queríamos o imaginábamos. Recuerda, a la gente no le gusta esperar. Cuando esperamos perdemos la paciencia y comenzamos a sentirnos incómodos por no obtener lo que queremos. A veces esa impaciencia gana y nuestro ex piensa que lo que pasó con nosotros no fue tan malo, o al menos no tan malo como para esperar solo.

El verdadero problema con esto es que la persona que rompió contigo aparentemente nunca tuvo claridad o confirmación de que su intuición era correcta o incorrecta cuando se fue por primera vez. Simplemente se impacientó. El problema con la falta de claridad es que la sensación no desapareció, tan solo disminuyó un poco. Es probable que regrese, cuando la comodidad de la relación se establezca.

Podrían decirte que estaban equivocados o que necesitaban cometer ese error con otra persona para que pudieran darse cuenta de lo bien que lo pasaron contigo, pero es mucho más probable que esto sea precisamente de lo que se convencieron cuando se cansaron de esperar. Nadie quiere pensar que estaban impacientes con su propia vida amorosa, prefieren admitir la culpa para poder creer que están volviendo a algo especial, no quieren creer que se conformaron. Supongo que eso es lo que lo hace tan aterrador: probablemente creen lo que te están diciendo. Son muy convincentes, porque probablemente se hayan convencido a sí mismos, sin embargo, existe una gran posibilidad de que simplemente no quisieran seguir buscando algo que, en el fondo, todavía creen que está ahí fuera.

Y si no se trataba de encontrar algo mejor, sino de dónde estaban en su vida, o de no priorizarte, tienes que hacerte las mismas preguntas cuando vuelvan a aparecer. ¿Qué será diferente esta vez? ¿Simplemente perdieron la paciencia al ver su decisión? ¿Están realmente abiertos, listos y capaces ahora?

Espero que hayas notado que nunca sugerí que tu ex estaba equivocado al creer que había algo mejor para él. No podemos cambiar lo que sentimos, y siempre hay una razón para ello. En las relaciones esa razón a menudo se presenta en forma de mala comunicación, falta de compatibilidad o distanciamiento. Todos merecemos a alguien que se sienta tan afortunado de tenernos como nosotros nos sentimos por él.

Entonces, ahora que sabes por qué están de regreso, tienes el poder de decidir si estás de acuerdo con esa realidad. Tal vez la ruptura es lo que necesitaba la relación. Como he dicho antes, no hay nada de malo en correr riesgos o ser vulnerable, solo sé honesto contigo mismo sobre el esfuerzo que requerirá y los riesgos o desafíos adicionales de salir con alguien que ya asocias con el dolor. Tal vez se dieron cuenta de lo especial que eres, o tal vez ambos se merecen algo mejor de lo que pueden darse el uno al otro, y será necesario que uno de ustedes tenga el valor de hacerlo realidad.

TU DOLOR NO SIGNIFICA QUE DEBERÍAN VOLVER A ESTAR JUNTOS

Así que terminaron. Si es reciente, es muy probable que estés sufriendo en este momento. Estás experimentando todo tipo de emociones que no te hacen sentir muy bien. Miedo, tristeza, soledad, etc. Ya sea que la decisión de terminar la relación haya sido tuya o de ellos, si fue significativa para ti, va a ser difícil. Perdiste algo. Cuando eso pasa, generalmente hay algunas emociones negativas, y decidimos convencernos de que debemos haber perdido algo especial, de lo contrario no estaríamos sufriendo tanto. Eso simplemente no es cierto, tu dolor no significa que fue especial.

Me gusta hablar sobre las etapas de una ruptura: primero, el impacto inicial, en especial cuando eres tú quien tiene el corazón roto, y sobre todo si te tomó por sorpresa. Pero más adelante hay una parte del proceso a la que me gusta referirme como «te encanta lastimarte». Las personas tienden a aferrarse al dolor, porque el dolor es lo único que les queda de la relación. No queremos dejarlo ir, porque entonces realmente se acabó.

He estado en esa situación. Quizá se deba a mi educación católica, en la que te dicen que sufrir es bueno. Siento que apliqué eso a mi vida amorosa cuando era más joven, ya sabes, cuanto más me dolía, más me decía a mí mismo que debía luchar por esa relación y no dejarla ir. Cuando tienes el corazón roto es natural pensar en tu ex. Es natural reflexionar sobre la relación. Es natural romantizar. Me estaba aferrando al dolor porque eso era todo lo que me quedaba. Recuerdo que mi exnovia conducía un Ford Focus plateado, y yo pensaba: «Dios mío, veo Ford Focus plateados donde quiera que vaya, es muy doloroso». Pero ahora, cuando realmente lo pienso, solo estaba buscando Ford Focus plateados. Quería sentir ese dolor.

El dolor se convierte en una etapa en una relación en la que tenemos miedo de dejar de sentirlo, porque esa es la etapa final de aceptación de que se acabó y ambos siguieron adelante. Muy a menudo en las rupturas cometemos el error de utilizar el dolor que sentimos como una forma de evaluar la importancia de lo que acabamos de perder, en este caso, la relación. Tenemos una forma de glorificar estas relaciones basándonos solo en la premisa de que ya no las tenemos, y no en cómo nos sentíamos mientras las tuvimos. Cuanto más tristes estamos, más nos convencemos de que fue especial, que era todo lo que siempre quisimos. Decidimos enfocarnos solo en las cosas que nos gustaban, incluso si hubo pocas.

Extrañar a alguien no es un indicador de que tienes que volver con él. Llegar a un acuerdo con el final de una relación es mucho más importante. Puede que pierdas la compañía. Es posible que pierdas la comodidad. Quizá extrañes el hecho de que tenías a alguien con quien ir a cenar, pero extrañarlo no significa amor.

A veces esto sucede incluso cuando ni siquiera estabas enamorado. Hace poco me encontré con una amiga que llevaba saliendo con un chico aproximadamente un año. Todo sobre la relación era agradable: avanzaba a un ritmo constante, expresaban sentimientos de amor el uno hacia el otro, incluso se sintieron lo bastante cómodos como para comenzar a pasar la mayoría de las noches juntos. Llevaba un buen tiempo sin hablar con ella, así que quería actualizarme sobre la relación pues, siguiendo el ritmo normal, esperaba que ella estuviera eufórica, excepto que no lo estaba. Tampoco estaba triste. Estaba contenta.

Me habló sobre la relación de la misma manera en que una persona hablaría sobre su automóvil, si este fuera un Toyota Camry un poco usado y en perfectas condiciones. No hay nada malo con un Camry usado: te lleva a donde necesitas ir, no es incómodo, es bastante confiable, está perfectamente bien, pero tan solo no es el coche de tus sueños. Es verdad que no es especial, no hay nada emocionante en conducir un Camry por el resto de tu vida.

Unas semanas más tarde recibí una llamada de la misma amiga. Estaba llorando. Su novio acababa de terminar la relación y ella estaba fuera de sí. El dolor que sentía era comprensible, acababa de perder a alguien que le importaba, algo que era agradable y cómodo. Después comenzó a hablarme de un montón de cosas sobre la relación que nunca había mencionado antes. Se apresuró a hablar de todo lo que le parecía genial, lo que pensaba que echaría de menos. Esta misma persona que, hace un mes, hablaba de la relación como si fuera un auto adecuado que la llevara del punto A al punto B, de repente estaba hablando de la misma relación como si fuera el auto de sus sueños. Tomó ese dolor que sintió y lo utilizó para ver lo que perdió de una manera totalmente diferente.

Pero ¿qué debemos hacer con ese dolor? Bueno, lo mejor que puedes hacer es no intentar mejorarlo o empeorarlo en el momento, solo reconoce la realidad: estás sufriendo, estás triste, permítete procesar esas emociones. Está bien decir que estás solo, pero no te convenzas de que en realidad lo amas más que cuando lo tenías.

Las listas no son muy útiles cuando piensas en tu pareja ideal, pero son realmente efectivas cuando necesitas recordar todo lo que no te gustaba de una relación anterior. Enumera lo que no te gustó cómo te hizo sentir, cosas que te molestaban. Después, enumera las formas en que te hicieron sentir que no crees que podrías encontrar en ningún otro lugar. Como he dicho antes, supongo que cuando lo escribas y des un paso atrás descubrirás que es bastante revelador.

EL RECHAZO NO ES UN FRACASO, ES CLARIDAD

Uno de los mayores obstáculos que enfrentamos en las citas es lidiar con el rechazo. Como resultado, hacemos todo lo posible para evitar ser rechazados. Frecuentemente, eso significa no hacer preguntas aclaratorias sobre en qué tipo de citas nos encontramos. A veces hacemos todo lo posible para evitar el rechazo y, en lugar de enfrentar verdades duras, buscamos el consejo de personas que creemos que nos dirán lo que queremos escuchar. A estas personas se les llama facilitadores y, a menudo, toman la forma de nuestros amigos más cercanos, no porque quieran prepararnos para el fracaso, sino porque ellos también esperan que seamos la excepción y no la regla.

Sin embargo, este consejo hará que perdamos cantidades significativas de tiempo en situaciones en las que nunca tuvimos una oportunidad, simplemente porque teníamos demasiado miedo de enfrentar el rechazo. Entonces, en lugar de tratar de evitar el rechazo, lo cual es imposible, usa esa energía para tratar de verlo de manera diferente. El rechazo puede causar mucho dolor, pero también puede ofrecer claridad.

Si piensas en el amor como tu destino, entonces tus parejas románticas son los caminos que tomas para llegar allí. La confusión es suciedad en el parabrisas que te impide saber si vas en la dirección correcta. El rechazo es un lavado de autos que finalmente te ayuda a ver si necesitas tomar una ruta diferente para llegar a tu destino. Si vas en la dirección equivocada, es mucho mejor descubrirlo más temprano que tarde, incluso si eso significa tener que aceptar un giro equivocado en el viaje. Sin embargo, muchos de nosotros esencialmente seguiremos manejando en el mismo camino, aunque no podamos ver hacia dónde vamos porque no queremos darnos cuenta de que hemos cometido un error, o que nuestro sentido de orientación no es tan bueno como pensábamos.

Sigue recordándote a ti mismo que siempre es bueno saber en qué dirección vas, incluso si eso significa darte cuenta de que era el camino equivocado. A nadie le va a importar que hayas cometido un error. Todos conducen a través de su propio laberinto tratando de encontrar el camino correcto. La próxima vez que no estés seguro de hacia dónde van las cosas, no tengas miedo de obtener la claridad que necesitas para ver si estás en el camino correcto.

SER SOLTERO NO ES MALO

Sé que las citas pueden ser difíciles, por eso estás leyendo este libro, ¿cierto? Pueden ser frustrantes, agotadoras, costosas, decepcionantes y confusas, solo por nombrar algunos de los aspectos negativos. También pueden ser emocionantes, liberadoras y estar llenas de aventuras.

Y ser soltero es lo mismo. Puede ser solitario, aburrido, frustrante. Sin embargo, también puede ser reflexivo, sanador, relajante y divertido.

Las citas no son tan malas, piensa en ello como una apuesta arriesgada con una recompensa realmente gratificante. Es arriesgado en el sentido de que cada cita requiere una cierta cantidad de energía emocional, con independencia del resultado. Y cada cita tiene el potencial de ser la indicada, pero puede tomar muchas para llegar allí. Incluso encontrar el amor que algún día llevará al desamor no es fácil de encontrar. También me gustaría señalar que solo es arriesgado en términos de la improbabilidad de que funcione. Aparte de eso, sus desventajas son bastante tolerables.

Sé lo que algunos de ustedes están pensando: podrían ser asesinados en una cita y eso no es tolerable en absoluto. Lo cual es cierto, pero estadísticamente hablando, es más probable que te asesine tu cónyuge que cuando estás en una primera cita. Reconfortante, ¿no?

Estar solo de vez en cuando, incluso en las relaciones, es fundamental para el crecimiento personal y una buena salud mental. Estar soltero es solo una versión a largo plazo de eso. Debe usarse como un periodo de anidamiento para ayudarte a estar preparado para cuando el amor toque a tu puerta, si eso es lo que deseas. Estar soltero no es algo que debamos tratar de evitar, deberíamos aceptarlo, como aceptamos los frutos que nos da la cosecha porque solo florecen de vez en cuando. (¡Eso suena casi bíblico!). El punto es que estar soltero también nos brinda oportunidades emocionantes que ya no están disponibles cuando estamos en una relación monógama.

Entonces, a menos que lo que estés buscando sea una relación abierta no monógama, yo disfrutaría de las libertades de la vida de soltero mientras las tenga.

Haz todo lo que puedas para luchar por lo que amas. Prueba todos los enfoques saludables para solucionar los problemas de la relación, solo no dejes de seguir adelante cuando sea el momento porque tienes miedo de estar solo.

Si no tienes miedo de estar solo, entonces es mucho más fácil ser honesto contigo mismo sobre la situación en la que te encuentras y la persona con la que estás. Si estar solo parece tan malo, si estás ansioso por estar solo, si estás cansado de sentirte solo y tienes una cita con alguien que causa una excelente primera impresión, entonces te sentirás desesperado por hacer que esa situación funcione, lo cual implicará ignorar cualquier señal y alerta roja que no se alinee con tu ideal, y no hacer las preguntas correctas.

Si descubres que tu relación tiene más interacciones malas que amorosas, entonces sería una tontería de tu parte evitar profundizar en esos problemas porque estás tratando de evitar las desventajas de estar soltero. Sin embargo, muchos de nosotros permanecemos en malas relaciones porque nos decimos a nosotros mismos que odiamos las citas o recordamos sentirnos solos cuando éramos solteros.

No hay nada bueno en las relaciones malas, tóxicas o abusivas. Son dolorosas, desgarradoras, confusas, agotadoras, destructivas y potencialmente dañinas de forma permanente. Estoy seguro de que algunos podrían argumentar que algo positivo es que puedes aprender de las malas relaciones, pero no necesito que me atropelle un autobús para saber que podría matarme.

También recuerda que estás tratando de enamorarte de una sola persona (¡a menos que seas poliamoroso, que es una forma completamente válida de experimentar el amor, el sexo y las citas!). Pero para la mayoría, nuestro objetivo cuando se trata de amor es encontrar a la persona adecuada, y creo que muchas veces perdemos eso de vista y es muy importante, pues al estar solteros estamos disponibles para asegurarnos de encontrarla.

Estar soltero también viene con mucha libertad para ser independiente, para concentrarte en tu carrera, en tus hijos o en tu familia, para disfrutar de tus amigos, tal vez para viajar, para ser egoísta, para hacer todas las cosas que te gustan, porque las relaciones implican sacrificio y trabajo, y en las buenas relaciones no siempre se puede hacer que todo salga como uno quiere.

No querrás renunciar demasiado a ti mismo ni perder de vista quién eres al estar en una relación, pero ambos deben hacer ciertos sacrificios. Tienes que hacer actividades que no siempre son tu primera opción y quieres que tu pareja esté dispuesta a dar lo mismo que tú das, pero eso requiere desinterés y sacrificio. Y eso es genial, vale la pena porque, con suerte, encontraste algo genial y todo el proceso es gratificante. Los sacrificios que haces por la relación los recuperas multiplicados por 10 en forma de amor y afecto. Y nada de eso te permite pensar solo en ti mismo, lo cual, si somos honestos, puede ser realmente divertido y liberador.

Cuando eres soltero no tienes que preocuparte por eso. Puedes conocer a varias personas. No tienes que reportarte. Puedes enviar mensajes a alguien al azar, hay mucha libertad en eso. Y creo que la gente solo necesita tratar de aceptarlo y dejar de preocuparse por estar soltera. Así que «soltero» no es una mala palabra. Además, es parte del camino hacia una de las mejores cosas del mundo, el «felices para siempre».

Bueno, eso es todo lo que tengo que decir por ahora. Espero que hayas encontrado algo en este libro que te sea útil. Más importante aún, ten en cuenta que todo aquí suena simple en teoría, pero es desafiante en la práctica, así que recuerda darte un descanso de vez en cuando. Recuerda darte palmaditas en la espalda cada vez que seas honesto contigo mismo sobre una situación, o cada vez que rechaces validar tu ego por encima de lo que es mejor para tu corazón.

Pregúntale a Nick

P:

Necesito un cierre después de una relación de seis años, pero mi ex no me habla. ¡Ayuda!

R:

Escríbele una carta y exprésate. No esperes una respuesta. La verdad es que no necesitas hablar, solo tienes que sacar todo eso que estás guardando. Nada de lo que hables con tu ex cambiará nada, así que acepta el presente y ten esperanza para el futuro.

P:

Cómo dejar atrás a tu ex cuando parece imposible porque es muy cómodo :/.

R:

La comodidad es agradable, pero también es una muleta. A veces nos sentimos cómodos siendo infelices. Grandes cosas pueden surgir de la incomodidad.

Pregúntale a Nick

P:

No puedo superar a un ex. Han pasado seis meses, pero me hace *gaslighting* constantemente.

R:

Él es tu ex. No permitas que tenga tanto poder. Él no puede hacerte *gaslighting* si no está en tu vida. No puedes superarlo porque no quieres decirle adiós.

P:

¿Cómo superar a un tipo que me abandonó cuatro veces y luego me hizo *ghosting*?

R:

No estás pensando en lo que quieres de los demás, solo quieres ser suficiente para ellos. Tan pronto como aumentes tus expectativas de lo que mereces, encontrarás que ese comportamiento es poco atractivo.

Pregúntale a Nick

P:

No puedo dejar de pensar en enviarle un mensaje de texto a mi ex cuando sé que es claro que la relación debe terminar, ¡ayuda!

R:

Asume que cada vez que te acercas él te respeta menos.

P:

¿Cuántas veces es demasiado hablar con un ex?

R:

Cada vez que intentas aferrarte a algo de lo que ya te despediste, es demasiado.

P:

Ayuda, si cenas con un ex que te DESTRUYÓ, pero estás bastante seguro de que hay potencial...

R:

Todavía cuentas con ellos para la validación, y todavía los consideras un plan de respaldo. Eso no es potencial, eso es frenarse mutuamente.

Pregúntale a Nick

P:

¿Cómo puedo dejar de extrañar a un ex después de una ruptura?

R:

Cuanto más inviertas en ti mismo, menos tiempo tendrás para desperdiciar tu energía en cosas que te frenan, como tu ex.

P:

¿Debería decirle a mi ex que fue emocional/ verbalmente abusivo o simplemente seguir adelante?

R:

No es tu trabajo arreglarlo, tu trabajo es protegerte. No les des a los villanos acceso a tu valor.

P:

Estoy en una relación feliz, pero mi ex se casará este fin de semana y no puedo dejar de pensar en eso. ¿Por qué?

R:

Te está ganando en una carrera que no importa.

Pregúntale a Nick

P:

¿Crees en el cierre?

R:

Sí, pero solo dándote un cierre a ti mismo. La versión de cierre de la mayoría está motivada por su ego, pero escuchar el «porqué» de su ex no hará la diferencia. Sí, es bueno recibir una disculpa sincera, pero no es necesario para seguir adelante y, por lo general, no llega hasta mucho más tarde. Bueno, después de que dejes de preocuparte.

P:

¿Cuál es la mejor manera de obtener un cierre con tu ego involucrado?

R:

Aceptar que alguien ya no quiere estar contigo es razón suficiente para saber que no deberías tener una relación con esa persona, porque te mereces a alguien que lo haga, que no es un reflejo de tu valor como persona o un indicativo de cómo serán tus relaciones futuras. Concéntrate en lo que puedes cambiar y mejorar en ti mismo para futuras parejas. No te obsesiones con lo que tu pareja hizo o dejó de hacer y compara eso con tu sentido de autoestima.

Pregúntale a Nick

P:

No puedo superar a mi ex ¿cómo puedo confiar en que si está destinado a ser será de alguna manera?

R:

Parte de por qué no puedes superarlos está incrustada en tu pregunta. El hecho de que quieras confiar en que si las cosas están destinadas a suceder sucederán de alguna manera es que te aferras a la esperanza. La esperanza es para el futuro y la aceptación te ayuda a dejar atrás el pasado. Enfócate en aceptar que se acabó y ten la esperanza de encontrar un amor que mereces en lugar de tratar de forzar algo que quieres.

P:

Mi ex y yo somos padrinos del mismo niño. No quedamos en buenos términos. ¿Cómo trato los encuentros?

R:

No es necesario que sean padrinos al mismo tiempo. Probablemente estés usando eso como una excusa para mantenerlo en tu vida.

APÉNDICE

¿Qué significa cuando dicen...?

«ME GUSTAS, PERO...»

Cuando alguien dice «me gustas» y la siguiente palabra que sale de su boca es «PERO», entonces el cien por ciento de las veces lo que realmente está diciendo es que no le gustas lo suficiente como para hacer lo que sea de lo que estés hablando. Por lo general, esa cosa es comprometerse contigo en una relación exclusiva. Otra situación común que puede presentarse es en las relaciones a larga distancia cuando alguien dice: «Me gusta todo de ti, pero no puedo con la larga distancia». Incluso podrían decir que aman todo de ti, pero dirán que solo tienen una regla sobre no tener relaciones a larga distancia. Como dice el refrán, las reglas están hechas para romperse, y las reglas que la gente crea para sí mismas no son reglas en absoluto, son solo límites que crearon para protegerse de situaciones desafiantes. Todos hacen excepciones a sus reglas cuando quieren algo lo suficiente, empujan sus límites para acomodar lo que más desean. Muchas personas hacen sacrificios por las cosas que más quieren en su vida, y esos sacrificios les ayudan a medir qué tan importante es algo para ellas. Es importante tener en cuenta que cuando te dice «me gustas, pero», no está mintiendo sobre el hecho de que le gustas. Sí le gustas, pero no lo suficiente. Claro, podrían decirlo de una manera más fuerte, pero no son sus palabras las que te confunden; es tu ego. Tu ego solo se enfoca en la parte de «me gustas» y deja de escuchar cuando dicen «pero». El «PERO» es muy importante. Debes prestar mucha atención a las palabras que siguen a un «pero», porque así es como alguien se siente en realidad.

«NO QUIERO HACERTE ESTO»

Cuando alguien dice: «No quiero hacerte esto», lo que realmente quiere decir es: «No quiero hacer esto contigo». Una de las mejores partes de estar enamorado y tener una pareja en la que puedes confiar es que te ayudará a superar cualquier desafío que enfrentes. Somos personas bastante egoístas, y la mayoría de nosotros somos culpables de pedirles demasiado a las personas que más nos importan. Eso puede ser difícil en una relación, pero cuando alguien con quien has estado saliendo dice: «No quiero hacerte esto», no está pensando en tus sentimientos y tratando de quitarte la carga, no es un grito de ayuda, solo está siendo un fuckboy pasando tiempo contigo cuando quiere sexo o está aburrido, pero cuando mencionas una relación o quieres más, esa es su excusa.

«PREFIERO QUE SEAMOS "DISCRETOS"»

Cuando alguien dice que quiere pasar desapercibido y luego sugiere pasar el rato a solas en algún lugar, solo quiere sexo. No creo que esto sea tan impactante para la mayoría de las personas, pero es un buen recordatorio para aquellas que quieren establecer límites en torno al sexo. No hay nada de malo en que un chico intente crear un entorno que facilite el contacto físico si existe un interés mutuo. También es incómodo decir: «Oye, ¿quieres venir y fingir que vemos una película para que podamos tener sexo?». Intentan sugerir situaciones que lo hagan más fácil para ambos. Sin embargo, debes tener cuidado con las personas que hacen esto, pero insisten en que sus intenciones son otras. Si alguien dice: «Simplemente no quiero estar cerca de otras personas, quiero conocerte», lo más probable es que te esté engañando sobre sus intenciones. Hay muchos lugares públicos que son discretos y no tienen muchas otras personas alrededor que lo distraigan de una buena conversación.

«NECESITO TIEMPO PARA RESOLVER ALGUNAS COSAS»

En primer lugar, no me refiero a las personas que luchan legítimamente contra la depresión o una crisis de salud mental; claro que ellas necesitan cuidarse a sí mismas. Me refiero a las personas que usan esta excusa cuando en realidad solo están considerando sus opciones. Te están poniendo en espera mientras buscan algo mejor. Sabes cómo es cuando vas de compras y ves algo que crees que quieres, pero no estás seguro, tal vez esté fuera de tu rango de precios, quizá solo anhelas la sensación de comprar algo, pero en el fondo sabes que no lo usarás. Bueno, eso es lo que estas personas sienten por ti. No están totalmente convencidas de querer tenerte, quieren seguir comprando. Preguntan si pueden ponerte en espera e intentan extender la cantidad de tiempo antes de que tengan que pagar.

Tal vez ni siquiera son conscientes de que no están realmente interesadas en una relación contigo, pero muestran que no lo están con esos detalles vagos y crípticos sobre sus intenciones, que luego interpretas erróneamente como esperanza. Es decir, tomar un descanso para «resolver las cosas» suena bien, como que la persona con la que quieres estar realmente quiere hacer el esfuerzo para mejorar su vida, para seguir estudiando o conseguir un nuevo trabajo, excepto que lo único que está tratando de averiguar es si puede conseguir a alguien mejor que tú, o simplemente si le agradas lo suficiente como para seguir invirtiendo su tiempo. Piénsalo: si tuvieras algo en tu vida que necesitara arreglar y que en realidad no tiene nada que ver con tu relación, ¿no sería genial tener a alguien a quien amas (o incluso te gusta) a tu lado para ayudarte a superarlo?

Entonces, ¿qué hacer con esa información? No tienes que terminar automáticamente las cosas en esta situación, solo sé honesto contigo mismo acerca de lo que está pasando. Tal vez puedas ser el artículo de lujo que las tiendas se niegan a retirar porque la oferta es demasiado limitada y la demanda es demasiado alta. Y, por supuesto, si alguien más quiere entrar y llevarse el artículo de lujo a casa, bueno, el comprador reacio se lo pierde. El punto es que si ellos quieren considerar sus opciones, al menos también puedes hacer lo mismo mientras esperas. Sigue estando disponible, ve qué más hay por ahí. Pueden pasar tres cosas: encuentras a otra persona que te hace feliz, la primera persona vuelve corriendo o a la primera no le importa en absoluto. Lo importante es que obtengas claridad, lo cual puede doler a corto plazo, pero al final del día es lo que realmente estás buscando.

UN «ME GUSTA» EN TUS REDES SOCIALES

¿Qué significa cuando un ex ve tus redes sociales? La respuesta corta es que no significa nada. La respuesta más larga es que está lo suficientemente aburrido como para recordar el pasado. Casi todas las experiencias tienen la oportunidad de ser buenos recuerdos, por lo que el hecho de que estés en su mente no significa que esté buscando algo más que ponerse al corriente. Si te extrañara, se acercaría a ti.

QUIEREN «TOMARSE UN DESCANSO»

Significa que quieren probar la vida de soltero. Es probable que exista alguien con quien quieran hablar y probablemente tener intimidad física sin ser etiquetados como infieles. Esperan experimentar la vida de solteros antes de separarse para comprobar que sea seguro hacerlo. Lo más importante que debes saber cuando tu pareja sugiere tomar un descanso es que el descanso es cien por ciento para ella; no tiene nada que ver con ayudar a la relación. Aun así, probablemente intentará convencerte de que esta ruptura de alguna manera tendrá un efecto positivo en la relación.

¿Qué debes hacer si tu pareja sugiere tomar un descanso? Bueno, dado que tu pareja ya tiene un pie fuera de la puerta, lo único que en realidad puedes hacer es darle exactamente lo que pidió y más. Es difícil para alguien hablar de tomar un descanso con su pareja, así que, si lo dice, es porque ya lo pensó mucho y tal vez ya decidió que es lo que quiere hacer. La buena noticia, si es que hay alguna, es que duda un poco en terminar las cosas por completo, por lo que debes darle rápidamente una idea de cómo sería la vida sin ti.

Paso 1. Mantén la calma. Sé que será difícil, pero es muy importante. Di tranquilamente que no es lo que quieres y por qué. No discutas y no trates de convencerlos, solo explícales cómo te sientes. Esto no hará que cambien de opinión, pero para tu tranquilidad, es importante que digas cómo te sientes.

Paso 2. Una vez que confirmen que todavía creen que es lo mejor, diles que está bien y comienza a aprovechar el descanso de inmediato. Nuevamente, mantén la calma. Luego, accede inmediatamente a todas las aplicaciones de citas posibles. No les digas, es mejor ni siquiera hablar con ellos. No los amenaces. Hazlo. Comienza a hablar con tantas personas como sea posible. Si quieres ser mezquino, publica algo en redes sociales pidiendo sugerencias sobre las mejores aplicaciones de citas y lugares divertidos para conocer gente nueva.

Si tu expareja se enoja porque haces exactamente lo que quería, solo recuérdale que no querías esto. No querrás ser más mezquino que eso. Siempre mantente tranquilo mientras le das exactamente lo que quería. Sé que puede ser difícil porque es probable estés herido y no quieras salir con nadie más, pero encontrar la fuerza para mantener la calma y comenzar a salir es la única forma en que le recordarás lo que está considerando dejar. Y también puedes disfrutar de este espacio que pensaste que no querías.

«NO QUIERO UNA RELACIÓN», PERO ACTÚAN COMO SI ASÍ FUERA

A lo largo de este libro he hecho referencia a la importancia de evaluar las acciones de las personas por encima de sus palabras. He hablado una y otra vez sobre cómo es fácil decir algo, pero requiere mucho más esfuerzo y compromiso actuar. Estoy de acuerdo con esto; sin embargo, hay una gran excepción a esta regla: cuando alguien dice: «No quiero una relación» o «no estoy buscando una relación», pero sus acciones hacen que parezca que realmente sí la quiere, siempre debes, y quiero decir el cien por ciento de las veces, creer las palabras de esta persona por encima de sus acciones.

A pesar de lo que tus amigos te digan, no se están haciendo los difíciles. No tienen miedo. Literalmente te están diciendo que no quieren salir contigo.

La confusión surge cuando se acercan para «ver cómo te va». No es porque estén cuestionando lo que dijeron. No es que hayan reunido el coraje para enfrentar los miedos que ni siquiera tienen. Lo más probable es que estén aburridos o calientes. Lo más importante es que piensan que ya establecieron límites al hacerte saber que no quieren salir contigo. Y ya que disfrutan de tu compañía y pasar tiempo contigo es mejor que estar solo, eso es lo que van a hacer.

Sí, te invita a cenar con regularidad, pasan la mayor parte de su tiempo juntos e, incluso, siguen teniendo sexo. Estoy de acuerdo, basado en esas tres cosas, parece que estás en una relación, o en camino a estar en una relación, excepto que simplemente lo ve como disfrutar de tu compañía, punto final. Es divertido. Es un buen momento. Es fácil. Es cómodo. Es mejor que estar solo, pero en su mente, está pensando que sabes lo que pasa, porque ya dijo que no quería una relación.

Estoy seguro de que esto será doloroso para algunos de ustedes. Has estado invirtiendo tu tiempo, tus sentimientos han crecido y ahora te ves obligado a aceptar el hecho de que nada ha cambiado, ni cambiará, para ellos. Incluso, podrías sentir ira hacia ellos por haberte hecho «perder tu tiempo». Pero antes de dirigir toda esa ira hacia ellos, asegúrate de considerar el papel que jugaste en esto.

Se necesitaron dos para crear esta situación. Fuiste desconsiderado con tus propios sentimientos la primera vez que aceptaste invertir más tiempo en ellos después de que dijeron que no querían tener una relación contigo.

Puedes argumentar que han sido desconsiderados al suponer que eras incapaz de decidir por ti mismo si podías o no soportar pasar tiempo con ellos en estos términos. Y sí, ciertamente están demostrando algo de egoísmo al hacer cosas que no coinciden con lo que dicen. Si has dejado en claro que quieres y esperas más de la situación, entonces lo correcto para la otra persona habría sido alejarse. Pero tú también tienes el poder de alejarte.

Este libro no se trata de cómo puedes ganar una discusión con una persona que no quiere comprometerse, se trata de ayudarte a controlar lo que puedes controlar. Te arriesgaste al seguir viendo a esta persona, a pesar del límite que puso. Esa parte es tu culpa.

Y aprender esa lección, aunque sea unas cuantas veces, está bien, pero la clave es realmente aprender de ella y, a la larga, ser capaz de evitar la parte en la que desperdicias tu tiempo y energía. Tu instinto te dijo que era una mala idea, y lo hiciste de todos modos. Así que la próxima vez que digan que no quieren una relación, créeles y sal con ellos bajo tu propio riesgo.

«TENGO MIEDO» / «NECESITO ESTAR SOLO EN ESTE MOMENTO» / «SIMPLEMENTE NO ES EL MOMENTO INDICADO» / «NO ESTOY LISTO» / «NO SÉ SI SEA BUENA IDEA»

Digamos que estás pasando tiempo con alguien, estás teniendo sexo con esa persona y le dices: «Quiero salir contigo». El otro responde con una de las afirmaciones anteriores. Literalmente te está diciendo que es un fuckboy y que no quiere salir contigo. Hay algo en ti que no lo hace querer hacer sacrificios: no eres una prioridad.

Pregúntale a Nick

P:

Salí con un chico, la pasamos bien, nos reímos y todo. Y de repente...

R:

Terminaré la oración... Empezó a pasar un buen rato y a reírse con otra persona. Estarás bien.

P:

Un chico que dijo que le gustaba dejó de enviarme mensajes... ¿por qué?

R:

¿Dejaste de gustarle?

P:

Un chico con el que salí cumplía con todos los requisitos, pero no sentía química, así que terminó conmigo. ¿Es por miedo al compromiso?

R:

O simplemente no le gustas. Tenemos que dejar de poner excusas para nuestros egos. Tu chico está ahí fuera.

Pregúntale a Nick

P:

¿Qué significa cuando la persona que te gusta chasquea los dedos sorpresivamente?

R:

Que estás obsesionado y que estás buscando cualquier señal.